[シリーズ] メディアの未来 ⑦

communication studies

日常から考える
コミュニケーション学

メディアを通して学ぶ

池田理知子 著　IKEDA Richiko

ナカニシヤ出版

まえがき

　この本は,「メディア」の分析を通して,コミュニケーション学とは何かを学ぶためのテキストである。ただし,本書でいうところの「メディア」の意味は広義である。いわゆるマス・メディアだけをこの言葉が指しているのではない。媒介作用というメディアの機能を広げて考えた場合,私たちのまわりにあるさまざまなものが,私たちと他者とをつなぐメディアとなりうるのであり,そのメディアに対して私たちがどのようなまなざしを送るかによって意味付けも変わってくる。

　たとえば第1章で取りあげる時計は,私たちに機械的に時を知らせてくれるメディアであるが,そのメディアが私たちとどういう世界を結びつけようとしているのか,という問いをたてて考察を試みることもできる。その答えを模索するなかで,さまざまな現代社会のひずみが見えてくるのではないだろうか。また,最終章で取りあげるゴミの問題もそうである。毎日のように私たちが出しているゴミをメディアとして捉えたときに,そこから何が読み取れるのかを考える過程で,私たちはいろいろなことに気づかされるはずだ。こうした私たちの生活世界を構成するモノ/メディアを通して,コミュニケーションとは何なのか,私たちの日常はどういう関係性のなかで成り立っているのか,これから誰とどういった関係を築くことができるのか,その答えを探していくという試みがこの本のなかではなされている。

　このような考え方に基づき,コミュニケーション学の基本概念を主として概説するのが第Ⅰ部である。コミュニケーションとは他者との関係性であるという広義のコミュニケーションの捉え方をここでは採用しており,その定義が従来のものとどう異なるのか,なぜ

そうした定義に基づいてさまざまな問題を見ていく必要があるのか，メディアとコミュニケーションの関係はどうなっているのかが，第1章と第2章には書かれている。そして第3章以降では，コミュニケーション学における基本的な概念である言語，時間，空間，文化，アイデンティティを取りあげ，各概念に対する考え方の枠組みを押さえたうえで，具体的な事例を通してそれぞれの概念の理解を深めていく。そして，その理解に基づいてさらに考えていかなければならない問題がこれらの章では提起される。

第II部では，基本概念の応用編としてさまざまな場におけるコミュニケーションの諸問題を読み解いていく。「社会と身体」「日常のなかの差別」「働くという行為」「表象と「現実」」「環境と共生」「コミュニケーションの射程」といったタイトルからもわかるように，私たちのまわりにある身近な問題や，私たちが取り組まなければならない課題を各章で取りあげ，考察を試みる。そして，提起された問題や課題に対してコミュニケーション学的にアプローチしたときに，何がどのように見えてくるのかが具体的に示されている。ただし，各章に書かれているのは単純な答えでないことはいうまでもない。読者がそこから何を考えていかなければならないのか，自分の問題意識とどうつながっているのか，あるいはつなげていかなければならないのかといった思索へと導くためのヒントがそこにはあるはずだ。つまり本書では，他人ごととして目の前にある問題を眺めているとどうなるのか，「当事者」のひとりなのだと自覚することなく問題を先送りしていいのかといった読者への呼びかけがなされているのである。

本書は，コミュニケーション学をこれから学ぼうとする初学者だけではなく，これまでこの分野にそれほど関心がなかった人や，すでにある程度の知識をもっている人でも興味をもって読んでもらえるように，わかりやすくかつ掘り下げた議論を展開している。この

本を読んだことがきっかけとなり，立ち止まって考える，つまり当たり前のようにやり過ごしてきた日常を振り返るという実践への一歩を多くの人が踏み出してくれることを願っている。

　この本には，科研費（24530653）の助成を受けて行った研究による成果の一部が含まれている。主として水俣や四日市をフィールドとして進めていった研究の過程で出会い，お世話になったさまざまな人たちに，この場を借りて感謝の意を表したい。また，写真を提供してもらった筆者の本務校である国際基督教大学の同僚の田仲康博氏と，その友人でアーティストの花城郁子氏，建築家の古川保氏，四日市再生「公害市民塾」および澤井余志郎氏，熊本学園大学水俣学研究センターの方々にもお礼を述べたい。さらに，この本の企画から出版まで多岐にわたってご尽力いただいたナカニシヤ出版編集部の米谷龍幸氏には本当にお世話になった。こうしたさまざまな人たちの協力なしには，この本が世に出ることはなかったと思っている。ありがとうございました。

池田理知子

目　次

第I部　コミュニケーションの基本概念

第1章　メディア ——————————— 3
コミュニケーションを規定する場
1　時計というメディア　*4*
2　マクルーハンのメディア論　*6*
3　メディアの媒介性　*8*
4　メディアとコミュニケーション　*9*
5　身のまわりにあるメディア　*11*

第2章　コミュニケーション ——————————— 15
新たな意味構築の可能性
1　日記というメディア　*16*
2　コミュニケーションの意味　*17*
3　コミュニケーション能力　*19*
4　コミュニケーションと規範　*21*
5　コミュニケーションの可能性　*24*

第3章　言　語 ——————————— 27
権力に対抗する言葉の力
1　言葉というメディア　*28*
2　言葉と意味　*29*
3　言葉の力の両義性　*32*
4　言語化への強制力　*34*
5　権力と言葉　*36*

第4章　時　間 ——————————— 39
継承されるものから見える関係性
1　家というメディア　*40*
2　速度とコミュニケーション　*41*
3　時計の歴史と精度　*43*

4　マクドナルド化と時間　*45*
5　継承されるもの　*49*

第5章　空　　間 ─────────── *53*
「所有」を志向する画一化と分断という行為

1　地図というメディア　*54*
2　近代化と空間の認識　*55*
3　境界線の政治性　*58*
4　近代的空間のほころび　*62*

第6章　文　　化 ─────────── *65*
歴史や伝統に潜む政治性

1　食べ物というメディア　*66*
2　文化の定義　*67*
3　文化と権力　*70*
4　食と文化　*71*
5　文化を読み解く　*75*

第7章　アイデンティティ ─────── *79*
他者のまなざしに揺れる「自己」

1　服というメディア　*80*
2　「自分探し」の言説　*82*
3　アイデンティティ・独自性・他者　*84*
4　アイデンティティの政治　*85*
5　アイデンティティの攪乱　*88*

第II部　コミュニケーションの諸問題

第8章　社会と身体 ─────────── *93*
規格化される身体からの解放

1　保健体育としてのダンス　*94*
2　「基準値」と健康な身体　*94*
3　国家と「体育」　*98*

4　既製服と身体　*101*
　　5　規律への抵抗　*103*

第9章　日常のなかの差別 ———————— *107*
　　　　差別するかもしれない「私」
　　1　「差別と偏見をなくす」というスローガン　*108*
　　2　人権教育の実態と課題　*109*
　　3　ステレオタイプな見方の弊害　*113*
　　4　「わかりにくさ」との出会い　*114*
　　5　見てしまった者の責任　*117*

第10章　働くという行為 ———————— *121*
　　　　社会のなかで問い直される労働の意味
　　1　ボランティアという労働力　*122*
　　2　自発的労働が生まれるしくみ　*123*
　　3　疎外される労働者　*125*
　　4　チッソ労働者の「恥宣言」　*128*
　　5　働くことの意味　*130*

第11章　表象と「現実」 ———————— *133*
　　　　「歴史」に対抗する「記憶」の集積
　　1　マス・メディアと消費　*134*
　　2　記録する意味　*136*
　　3　表象する／しないという暴力　*138*
　　4　記録と記憶　*142*

第12章　環境と共生 ———————— *147*
　　　　異質性から考える共生のあり方
　　1　生きものとの「共生」　*148*
　　2　多文化主義と共生　*149*
　　3　「よそ者」の役割と共生の意味　*153*
　　4　「異交通」としての共生　*156*

第 13 章　コミュニケーションの射程 ———————— 161
時空を超えた他者との関係性

1　都市とゴミ　*162*
2　ゴミの行方　*163*
3　「格差」という現実　*166*
4　グローバルに広がる環境汚染と健康被害　*168*
5　時空を超えたコミュニケーション　*170*

事項索引　*173*
人名索引　*175*

第 I 部　コミュニケーションの基本概念

第 1 章　メディア
　　　　　コミュニケーションを規定する場

第 2 章　コミュニケーション
　　　　　新たな意味構築の可能性

第 3 章　言　　語
　　　　　権力に対抗する言葉の力

第 4 章　時　　間
　　　　　継承されるものから見える関係性

第 5 章　空　　間
　　　　　「所有」を志向する画一化と分断という行為

第 6 章　文　　化
　　　　　歴史や伝統に潜む政治性

第 7 章　アイデンティティ
　　　　　他者のまなざしに揺れる「自己」

コミュニケーション学における基本的な知識を身につけることを目的として構成されているのが第1部である。各章においては，基本となる概念の説明だけでなく，その理解を深めるための具体的な事例が示されている。

　第1章の「メディア」では，時計という私たちにとって身近なメディアを例にとり，それがどういう他者とのコミュニケーションを可能，あるいは不可能にするのかを考察する。第2章の「コミュニケーション」では，コミュニケーションとは何かを詳しく見ていく。コミュニケーションとは他者との関係性である。そこで問題となるのが，他者とは誰のことを指すのかだ。ここでは日記というメディアを通して他者の具体的な姿を明らかにしていくと同時に，普段何気なく行っている言動が権力を行使することにもなりうるのだという複雑な関係を読み解いていく。

　第3章の「言語」は，メディアとして言葉を捉えた場合，それがどういう世界と私たちを結びつけようとしているのかを概説する。言語化への強制力が存在することの問題点や，発話すること自体が権力を発動することにもなりうるという，言語と権力との結びつきについて見ていく。また，言語の対概念とされることの多い非言語のなかでも特に重要な要素である時間と空間についても，第4章と第5章で取りあげる。第4章の「時間」では，家というメディアから見えてくる効率化の弊害を論じる。歴史的存在である私たちがまだ見ぬ他者へ何を継承していけるのかという観点から眺めたら，どういう世界が浮かび上がってくるのかをここでは描写する。第5章の「空間」に登場するメディアは地図であり，そこに映し出された世界が何を示唆しているのかを読み解いていくと同時に，境界という空間を分断する行為が私たちをどこへ導こうとしているのかも検討する。

　私たちが毎日口にする食べ物をメディアとして捉えることによって文化のさまざまな側面を明らかにするのが第6章である。「文化」を語る，あるいは文化が語られる際に何が抜け落ちているのかを注視していくことの重要性がそこには示されている。第7章の「アイデンティティ」では，服というメディアから自己と他者との関係性について考えていく。「自分探し」という言説に絡めとられないためにも，その雑種性に立ち返る必要性がそこでは示されている。

第1章

メディア
コミュニケーションを規定する場

手軽にできる料理のレシピをネットで検索すると，電子レンジを使ったものが数多くヒットする。チーズとほうれん草を使った料理「レンジで簡単！とろ〜りチーズほうれん草」もそのうちのひとつである。そのレシピをちょっと

レンジ調理（田仲康博氏撮影）

のぞいてみよう。まず，ほうれん草を切って皿に広げ，ラップをしてレンジに入れ600wで2分かける。20〜30秒水にさらして絞ったあと，皿に広げる。その上に鮭フレークをちらし，ちぎったチーズをのせて，1分30秒程レンジでチン。トマトを添えて完成となる。

私たちの日常に秒の単位をもたらしたのはラジオだといわれている。しかしその後の影響を考えてみると，電子レンジのほうが大きかったのではないだろうか。冷凍食品の解凍や，前日の残り物の温めなおしがタイマーをセットするだけで簡単にできてしまう電子レンジは，秒という単位を意識せざるをえない日常を私たちにもたらしたのである。

1 時計というメディア

　私たちは，何もやることのない休日ではない限り，時計が指し示す時刻をまったく気にせずに一日を過ごすことなどない。たとえば，朝7時になると時計のアラーム音で起こされ，急いで朝の支度をする。時計やテレビをたびたび見て時刻を気にしながら家を出て，学校や職場に駆けつける。そんな毎日の繰り返しである。

　時計は私たちに時を知らせてくれるメディアである。ラジオやテレビ，新聞といった通常私たちが思い描くメディアが何らかの情報を伝えてくれるように，時計は時刻という情報を与えてくれる。しかし，その告げられる「時」の情報は限られたものでしかない。私たちが普段使っている時計は，機械的に刻まれた直線的な「時」しか教えてくれない。一般的なメディアが取捨選択の論理を働かせて，ある種の情報を与えてくれる一方で膨大な量の情報を切り捨てているように，時計もそのほかの多様な「時」，たとえば円環的に流れる「時」や，コラムにあるような不定時法に基づく「時」などを告げることはないのだ。

●コラム1　和時計のアプリ

　和時計のアプリが売り出されている。不定時法という，現在では使われていない時法に基づく時計のアプリがなぜ売られているのか，まずはあるアプリの説明をのぞいてみよう。

> 明治時代に廃止された日本古来の時刻，不定時法を再現した時計です。（中略）太陽の動きに見立てる事で，あと何時間ぐらい明るいかがわかりますので，外で作業する場合に役立てると思います。（中略）普通の時計のように万人に有効なソフトではありません。その為，多くの人からすれば不要なソフトになりますので，時計マニア向け，太陽の明かりを活用する自然志向の人向けのAppになります[1]。

この説明によると，太陽の動きに合わせた生活をしたい人などにとって役に立つ不定時法を採用したのがこの時計のアプリということになる。そして，この不定時法が，現代人の一部には求められているらしい。

　不定時法とは，日の出と日の入りを基準に昼と夜を分け，それぞれを等分して時間を決めるものである。江戸時代に使われていた不定時法だと，それぞれを6等分していた。私たちが使っている，一日を24等分する定時法とは異なり，季節によって日の出と日の入りの時刻が変わるため，一刻の長さも季節によって違ってくる。図にあるように，昼間の時間が長い夏は昼の一刻が夜よりも長くなり，夜の時間が長い冬はその逆になる。

　そして，こうした不定時法に対応できるように，西洋からもたらされた機械時計に対して昼夜切り替えの工夫が何らかの形で施されたのが和時計だったのである。現在発売されているアプリは，この和時計を模したものなのだ。

　こうした多くの人にとっては実用性があると思われないアプリを求める人たちがいるということは，私たちの体のリズムとはお構いなしに何をすべきかを強要する今の時計にうんざりしている人たちが，少なからずいるということではないだろうか。過労死するまで働かされるような現代社会を象徴するメディアが，定時法に基づく時計なのかもしれない。

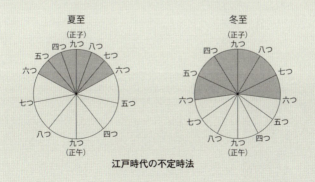

江戸時代の不定時法

---

1) http://www.appbank.net/2009/01/21/iphone-application/7111.php
（最終アクセス日：2014年7月13日）

このように限られた情報しか与えてくれない時計であるにもかかわらず、それによって私たちの生活は規定されているといっても過言ではない。起床から就寝まで、時刻を知らせると同時に私たちに何をすべきかを告げるのである。9時になったから授業に行きなさい、仕事をしなさいとか、12時になったからお昼を食べなさいといったように、私たちを駆り立てる。それは、やる気になるまで勉強や仕事を始めるのを待ってくれたり、お腹がすくまで食事を強要したりしないといった融通が利くメディアではないのだ。

2 マクルーハンのメディア論

『メディア論―人間の拡張の諸相』(1987)において、マーシャル・マクルーハンは「メディアはメッセージである(The medium is the message)」という命題を提示した。ここで彼が主張するのは、メディアというのは伝達の形式にかかわるものなのだということである。たとえば、同じ内容のメッセージであっても、電話で伝えられるのとメールとでは受け手側にもたらされる印象が違ってくるだろうし、新聞で伝えられる情報とテレビとではそのインパクトに差が生じるはずである。また、扉で紹介した電子レンジで手軽に調理された料理が出されるのと、オーブンを使って手間暇かけてつくられた料理が出されるのとでは、感謝の気持ちの度合いも違ってくるのではないだろうか。

マクルーハンの「メディアはメッセージである」は、それまで支配的であった見方、つまり伝達される内容こそが重要であり、伝達形式は副次的な意味しかもたないとする考え方に対し一石を投じることになった。そして、伝達される内容こそが「メッセージ」である

図1-1 マクルーハン

という単純な捉え方に対する批判と同時に,「メッセージ」とはいったい何なのか,どこからどこまでが「メッセージ」だといえるのかといった問いを私たちに投げかけた。

さらに,新聞やテレビといったメディアの形式こそがメッセージであり,メディアが変わることによって伝えられる内容の総合的意味付けが変わるのだとしたマクルーハンの考え方は,次のような指摘へと発展する。それは,メディアの変化に応じて受け手の感覚に変化が生じ,ひいては社会自体が変化するというものである。1960年代前半という当時としては新しいメディアであるテレビが普及していく時代にあって,個人の感覚や社会に対してメディアがどういう変化をもたらしたのかを彼は批判的に論じたのであった。

●コラム2　活版印刷機

『グーテンベルクの銀河系―活字人間の形成』(1986)のなかでマクルーハンは,15世紀以降,活版印刷機がヨーロッパに登場したことによって大量に複製された印刷物が流通するようになり,視覚のみが強調される世界になったという。写本が基本であったそれまでは,書物は音読されることを前提に書かれており,そこでは聴覚がほかの感覚よりも重要な役割を担っていたとする。確かに日本でも,江戸時代以前の書物には句読点が打たれておらず,黙読では読みづらく,音読が基本であったことがうかがえる。

そうした日本における音読文化に変化がもたらされたのが,西洋と同じ様に活版印刷の普及であり,それは明治になってからのことだった。ところがそれに先立って,江戸時代末期にも活版印刷機をつくる試みがいくつかなされていた。そのなかのひとつが,薩摩藩11代藩主島津斉彬の命により江戸の木版師三代木村嘉平が鋳造した鉛活字であった。鹿児島市にある尚古集成館には,その現物が残されている。

薩摩藩は独立国家を目指したといわれている。活版印刷という国民国家成立には欠かせない当時のメディアが鉄砲や大砲といった武器とともにそこに展示されていることが,そのことを物語っているのではないだろうか。

その変化が具体的に現れるのは、スケールやペース、パターンにおいてである[1]。たとえば携帯電話は、固定電話が前提としていた家庭という通話の入り口が個人へと移行するというスケールの変化をもたらした。また、メール機能と合わせて考えるといつでも、どこでも相手にメッセージを伝えられるため、情報伝達のペースが一段と速まった。さらに、「〇〇さんのお宅ですか」で始まる固定電話のときの挨拶のパターンも不要となった。つまり、携帯電話が登場したことによって、日常の風景が一変したのである。

3 メディアの媒介性

新たなメディアが登場することによって、個人の感覚や社会秩序に変化がもたらされるとするマクルーハンの主張は、前述のように私たちに重要な示唆を与えてくれる一方で、それは技術決定論的な意味合いが強すぎるといった批判を浴びている。確かに、メディア・テクノロジーが社会に何らかの影響を与え、変化を生じさせるとの主張は一方的なものといえるかもしれない。私たちが望んだからこそ新たな技術が生まれたという側面が、そこでは抜け落ちてしまっているし、私たちはテクノロジーに翻弄されるだけの存在というわけではない。また、メディアが媒介する関係性も一様ではなく、人びとの関心や捉え方によって異なるものとなるはずなのに、そうした側面には触れられていない。たとえばカメラというメディアの場合、記録を残すための手段にすぎないと考える人もいれば、カメラに対して一方ならぬ愛着をもつ人にとっては単なる道具ではすまされない。カメラを通して映し出される世界との結びつきの強さも、両者では異なるに違いない。

---

1) 吉見・若林・水越(1992)を参照。

電車が発着する駅をメディアとして捉えた場合，その駅が媒介する関係性も時と場合によって異なる。多くの人にとっての駅は，定刻になれば目的の電車が来てそれに乗るだけの機能的な場であり，その場合，駅を通して生まれるのは無機的で通り一遍のつながりでしかない。駅ですれ違う人や隣で電車を待つ人は，今そこにいるその人でなければならない必然性はなく，彼女／彼らとの関係は恣意的である。ジャン・ゲブサーは，そうした関係からなる世界を「記号的（perspectival）」と称する（Gebser, 1985）[2]。

しかし，「記号的」であった駅が「神話的（mythic）」なものへと突然変異（mutation）する場合もある（Gebser, 1985）。少女漫画などによく描かれるように，意中の人と毎朝出会うことのできる駅は，その人にとってはある種の幸運を期待させる場所といった意味合いをもつはずだ。数多くのドラマが，出会いの場として駅を使うのも，恣意的ではない感情的な何らかのつながりや一体感が生みだされる「神話的」要素が見いだされるからなのかもしれない。このように，同じメディアであったとしてもその場が生み出す関係性は，その時々によって変わるのであり，メディアの媒介性とは広義なものであるといえる。

❹ メディアとコミュニケーション

広義の意味での媒介作用をもつメディアは，コミュニケーションを可能，あるいは不可能にする場である。つまり，他者との関係性によって意味が構築されるプロセスそのものがコミュニケーションであると捉えるならば（☞2章），それを可能にしたり，不可能に

---

2)「記号的世界」については，池田（2010）を参照。また，perspectival を「記号的」と訳したことに関しては，池田・クレーマー（2000）を参照。

する場がメディアであるということになる。

再び駅を例にとって考えてみよう。図1-2の写真は、埼玉県にある大宮駅の新幹線下りホームの表示である。3とか5、7といった数字は車両の番号なのだが、それが行先や車両の編成と種類によって変わることがそこでは示されている。たとえば、長野行きの「あさま号」だと3号車が、上越新幹線の「とき」と「たにがわ」であれば5号車がそこに停車する。しかし、同じ「とき」や「たにがわ」であってもMAX2階建て車両の8両編成であれば3号車が、16両編成だと7号車がそこに停まる。この複雑なシステムは、いつもこの駅を使っている人にとっては何でもないものかもしれないが、めったに利用しない者にとっては、理解するまでかなりの時間を要するし、次第に不安を覚え、ひいてはまるでそこから排除されているかのような気持ちにさせられてしまうだろう。駅員に聞こうにも近くに見当たらないならば、時間に追われながらこうした不親切な記号を読み解いていくしかないのである。

都市にはこうした記号があふれている。鉄道や地下鉄の複雑な路線図もそうである。都市の風景を形づくるこうした記号は、有無をいわせぬ強制力により、誰がその場に参加しうるかという〈コミュニケーションを規定する場＝メディア〉として機能しているのである。

図1-2　大宮駅新幹線下りホームの表示（著者撮影）

5 身のまわりにあるメディア

　ここで，メディアとは何を意味しているのかを再度確認しておこう。メディアとは何かと問われると，一般的には，新聞やテレビ，ラジオといったものを思い浮かべる人が圧倒的に多いのではないだろうか。しかし，これまでこの章で見てきたように，そうしたマス・メディアと呼ばれているものだけでなく，電子レンジや時計，駅といった私たちのまわりにあるさまざまなものがメディアとなりうるのだ。メディアの機能を広義の意味での媒介性と捉えた場合，あらゆるものをメディアとみなすことが可能となり，分析の俎上へと載せることができるのである。しかも，そうすることによって，今まで気づかなかったさまざまな現象の多様な側面に目を向けることができるようになるかもしれないのだ。

　さらに，コミュニケーションを可能，あるいは不可能にする場としてメディアを捉えることで，コミュニケーションをめぐる諸々の問題点が見えてくる。つまり，ある特定のメディアがどういった関係性の構築を成り立たせているのか，あるいは成り立たせていないのかが明らかになることによって，私たちがそういった問題にどのように取り組んでいかなければならないのかといった実践への課題が見えてくるのである。

　この章の冒頭に登場した時計がどういった関係性を成立させうるメディアなのかをあらためて考えてみよう。時間を守ることを強いるメディアである時計は，守れる人とそうでない人を分断する。守れる人たちが，守れない人たちに対して「遅刻をするだらしない人」といったレッテルを貼るような作用を促すのである。また，時間を守ることが重要であると考える人たちは，たとえ道に倒れている人がいたとしても，遅刻しそうであれば見て見ぬふりをして先を急ぐかもしれない。作家の辺見庸が小説『ゆで卵』(1998) で，地下鉄

サリン事件[3]が起こった構内で，倒れている人をまたいででも会社に遅れまいとするサラリーマンの姿を描いていたが，時計というメディアはそういった非人間的で極端な関係性ですら生じさせるのである[4]。

このように，時計のように私たちの身近にあるもの，しかも単に「時」を告げるだけのものだと思っていたものが，メディアとしての分析を通して，それだけにとどまらないことが見えてくる。次章以降，身のまわりにあるさまざまなものをメディアとして捉え，コミュニケーションの基本的な概念について読み解いていく。

> ● ディスカッションのために
> 1 時計というメディアの影響について考えてみよう。本文に書いてあること以外で，私たちの生活に何らかの影響を及ぼしてはいないだろうか。
> 2 スマートフォンが登場したことによって，私たちの日常にどのような変化がもたらされたのだろうか。
> 3 コミュニケーションを可能とするメディア，不可能とするメディアについて具体例をあげて考えてみよう。

---

3) オウム真理教による未曾有の無差別殺人事件。1995年3月20日午前8時ごろ，営団地下鉄（現・東京メトロ）の丸ノ内線と日比谷線，千代田線3路線の計5本の車内に猛毒のサリンが撒かれ，乗客および駅員ら13人が死亡し，6,000人以上が重軽傷を負った。
4) 詳細は，池田（2006）を参照。

【引用・参考文献】

池田理知子 (2006).「時計時間の支配—時間厳守という束縛からの脱却は可能か」池田理知子［編］『現代コミュニケーション学』有斐閣,pp.21-37.

池田理知子 (2010).「日常に侵攻するグローバル化と「戦争」—見えにくい関係性可視化の試み」池田理知子・松本健太郎［編］『メディア・コミュニケーション論』ナカニシヤ出版, pp.125-140.

池田理知子・クレーマー, E. M. (2000).『異文化コミュニケーション・入門』有斐閣

辺見 庸 (1998).『ゆで卵』角川書店

マクルーハン, M. ／森 常治［訳］(1986).『グーテンベルクの銀河系—活字人間の形成』みすず書房 (McLuhan, M. (1962). *The Gutenberg galaxy: The making of typographic man*. Toronto, Canada: University of Toronto Press.)

マクルーハン, M. ／栗原 裕・河本仲聖［訳］(1987).『メディア論—人間の拡張の諸相』みすず書房 (McLuhan, M. (1964). *Understanding media: The extensions of man*. New York: McGraw-Hill.)

吉見俊哉・若林幹夫・水越 伸 (1992).『メディアとしての電話』弘文堂

Gebser, J. (1985). *The ever-present origin*. (N. Barstad & A. Mickunas, trans.). Athens, OH: Ohio University Press.

第2章

コミュニケーション
新たな意味構築の可能性

トイレットペーパー（田仲康博氏撮影）

　友人から聞いた話である。ある日彼女の夫がトイレットペーパーを買ってきてくれたのだという。今まで使っていたものとは比べものにならないくらいオシャレなもので，しかもいい香りがしたそうだ。喜ぶ彼女の様子を見て，夫はうれしそうだったという。ところがそのひと月後，彼女のデリケートな部分に違和感が生じてきたらしい。トイレットペーパーのせいではないかと疑った彼女が夫にそのことを告げると，「俺は何ともない。気のせいだよ」と言ったそうだ。男性と女性とでは紙の消費量が圧倒的に違うというのに，そのことに思い至らない夫への不満を私にぶつけたのだった。

　他者への想像力の欠如は，こうした些細な夫婦間の擦れ違いだけでなく，国家間の争いにまで発展するおそれがある。他者と向き合い，想像する力としてのコミュニケーションがそこでは試されることになる。

1 日記というメディア

2014年2月に東京都内の図書館で起こった破損事件で再び脚光を浴びることになった『アンネの日記』には、70年ほど前、当時13〜15歳だったアンネが隠遁生活のなかで日々感じたことや思ったことなどがつづられている。その『アンネの日記』の冒頭部分をのぞいてみよう。

> 1942年6月12日——
> あなたになら、これまでだれにも打ち明けられなかったことを、なにもかもお話しできそうです。どうかわたしのために、大きな心の支えと慰めになってくださいね。(フランク, 2003:14)

この書き出しからもわかるように、アンネは日記帳を心の友とみなし、その友に話しかけるように書いている。日記を書くというパーソナルなはずの行為とはずいぶんと趣が異なっている。作家志望だったとされるアンネだったからこそこうした書き方を選んだのだということもできるが、その一方でより根源的な問いを投げかける。それは、日記を書くという行為がはたしてパーソナルなものなのか、つまりそこに他者の介在がないのかという問題である[1]。日記をメディアとして捉えた場合、それが何を媒介しようとしているのかという疑問が浮かんでくる。そして、そこには他者との応答がつづられて

図2-1 『アンネの日記』
(フランク, 2003)

---

1) 大澤真幸は、この問題を日本コミュニケーション学会で行われた対談のなかで論じている (柿田・藤巻, 2006 に収録)。

いることが見えてくる。実は，日記に収められているのは他者との関係性そのものなのだといってもいいかもしれない。

たとえば，筆者が熊本県水俣市に滞在していたときのある1日をごく普通の日記風につづるとするならば，次のようになるだろう。

> 午前中に資料整理をすませ，昼食後に水俣病資料館に行き，「語り部」の講話に参加した。「語り部」は○○で，講話は宇城市から来た中学生のグループとの相席であった。講話の最後に代表として挨拶をした中学生のつっかえつっかえではあるが，正直な感想が印象深かった……

この一文のなかで，一見すると他者の存在などまったくなさそうなのが資料整理である。しかし，整理をするにはその資料に目を通さなければならない。「読む」という行為はその資料のなかに出てくる他者やそれを編纂した人との「対話」なしには成り立たないのである。また，説明するまでもなく，講話に参加して「語り部」の話に耳を傾け，中学生の感想を聞くという行為には複数の他者がかかわっている。

このように，日記というメディアは私たちが書くという行為を通してそこに参加することにより，さまざまな他者との関係をつくり出してくれる。つまり，コミュニケーションを可能にしてくれるのである。

❷ コミュニケーションの意味

コミュニケーションとは，他者との関係性である。さまざまな他者と交わることによって自己が影響を受け変化すると同時に，まわりも変わっていく。お互いの関係性がこのように変容していくプロセスが，コミュニケーションなのである。扉に登場した一組の夫婦

● コラム 1　四日市コンビナート夜景クルーズ

　夜の工場を照らす保安灯も数多く集まれば美しい風景をつくり出す。複数の工場によって成り立つ巨大コンビナートであれば、その美しさはいっそう際立つに違いない。そうした工場の夜景を楽しむツアーが、各地で人気を博している。そのなかのひとつが、2010 年に始まった四日市コンビナート夜景クルーズである。「工場夜景の聖地！とっておきの美しさがここにあります」と謳ったパンフレットには、まばゆいばかりの夜の工場群が映しだされた写真が載せられている[1]。夜の闇と灯りは、写真にあるような老朽化した工場のさびれた姿を覆い隠す。

　この工場群から排出された煙は、鈴鹿川をはさんだ対岸の磯津地区へと流れていき、多くの公害被害者を生み出した。そして今でもその後遺症に苦しんでいる人たちがそこには少なからず住んでいるのだが、夜のコンビナート夜景クルーズに訪れる観光客は、彼女／彼らが見る風景からそうした歴史と現状を感じることはおそらくないだろう。

　しかし、四日市公害で 9 歳の娘をなくした女性の目に映った工場群の灯りは、別のものであった。それは、彼女の娘をはじめとした子どもたちの涙のようだったというのである[2]。このように、コンビナートの夜景というメディアがどういった関係をつくり出すのかは、見る者のまなざしによって変わるのだ。

昼間の四日市第一コンビナートの風景（著者撮影）

1) http://ykyc.jp/2015booklet（最終アクセス日：2015 年 11 月 9 日）
2) NHK 名古屋放送局のドキュメンタリー番組「四日市公害―高度経済成長と灰色の空」より。（2014 年 6 月 27 日 20：00 ～ 20：43 放送）

のエピソードを例にとると,夫のなにげない行為によって妻はいろいろなことに気づかされたのであり,その妻の変化によって夫も何らかの影響を受けざるをえない。そしてその夫婦間の変化が,まわりの人たちにも何らかの波及効果を及ぼすであろう。

私たちの日常はこのように他者との関係性によって成り立っているのであり,コミュニケーションなしには一日たりとも送れない。ポール・ワズラヴィックらがいうように,「コミュニケーションしないわけにはいかない(One cannot not communicate)」のである(Watzlawick, Beavin & Jackson, 1967)。

ここで注意を要するのは,他者とは目の前に存在する生身の人間だけにとどまらないということである。『アンネの日記』に出てくる想像上の相手であるキティーだったり,その日記を読む私たちにとってのアンネやキティーであったりと,その場にいる人とは限らない。たとえば今この文章を書いている筆者は,この本を介して未だこの世に生を受けていない他者と出会えるかもしれないのだ。

アンネ一家が隠れ家としていた建物の写真やイラストを介して,アンネの家族と関係を結ぶことも可能である。歴史的な場所を訪ねる行為とは,その当時の人たちと「対話」をすることにほかならない。

コミュニケーションとは,他者との関係性によって意味をつくり出すプロセスそのものであり,私たちは意味生成のプロセスのなかで日常生活を送っている(池田, 2010)。しかし,それがあまりにも「当たり前」の行為であるがゆえに,どういう他者との関係によって,どういった意味が生み出されているのか,立ち止まって振り返ることなどめったにすることはないのである。

3 コミュニケーション能力

ここで少し,これまでの一般的なコミュニケーションに対する考

え方について振り返ってみたい。最近よく聞かれる言葉に「コミュ力」とか「コミュ障」というのがある。「コミュニケーション能力」と「コミュニケーション障害」を略したものだが，両者には共通点がある。それは，コミュニケーションを個人の能力に還元していることである[2]。そしてさらに私たちが考えなければならない大きな問題点が，そこには隠されている。それは，いったい誰が何のために「コミュ力」の高い／低いを決めるのかということである。

「コミュ力」や「コミュ障」の中身を見てみると，たとえば自分の考えを的確にかつ要領よく相手に伝えられる人は「コミュ力」が高く，そうでない人は「コミュ力」が低い，あるいは極端に低いだけではなく，相手と向き合うことすら困難な人は「コミュ障」だといわれる。したがって，「コミュ力」が低い人は高めるためのスキルを身に付けなければならないし，「コミュ障」の人は何とかしてそれを克服しなければならないといった語られ方がなされる。そして，「コミュ力」の高さは人生における成功の秘訣といわれたりもするのである。

こうした基準にあてはめて考えると，前述の水俣での講話の最後に挨拶をした中学生は「コミュニケーション能力」が低いということになるのかもしれない。しかし実際は，ひとつひとつ言葉を絞り出すようにつないでいった感想から伝わってきたのは，彼の正直な思いであり，聞く者にある種の感動さえ与えるものであった。

要領が悪く相手を説得できないと思われている人でも，時間をかけてじっくりと考えればすばらしいアイデアを出してくる場合もあり，そのアイデアだけで十分に説得力を備えたものでありうるのに，

---

2) 板場良久は，「「コミュニケーション」が個人のレベルを超えた共同体的な過程や現象であるのに対し，「能力」が個人に内在する（べき）技能であるため，この両概念を結合させたものを普遍的な概念として捉えるむずかしさ」を指摘している（板場, 2010：30）。

そうした人も「コミュニケーション能力」が高いと評価されることはめったにない。考える余裕や発言の時間が与えられることがないため、そうした人が再評価される機会さえ奪われるという事態に陥ってしまう。

「コミュニケーション能力」の高低には、社会で求められている速さと効率のよさが関係している。現代社会のあらゆる場面で要求されている無駄のない動きや速さが、それについていけない人をはじき出すのである。たとえば学校の授業における限られた時間内での話し合いでは、「じっくり型」の人が能力を発揮する機会はほとんどないし、面接といった場面でも面接官が受験者の話をじっくりと聞くような時間的余裕は与えられない。時間をかけて自分の感想を述べた前述の中学生に対しても、引率の先生たちは次の予定のことを気にしながら聞いていたのかもしれない。

こうして、限定的な意味しかもたない「コミュニケーション能力」であるにもかかわらず、その能力が高いことが評価される社会においては、低いとされる者は次第に社会の隅へと追いやられる。「コミュニケーション能力」という基準が、他者の排除という現象をも生み出しかねず、たとえば自らを「コミュ障」と称して、他者との関係を絶つ「ひきこもり」といったような状況をもつくり出してしまうかもしれないのである。

4 コミュニケーションと規範

いわゆる「コミュニケーション能力」が高いほうがいいといういわれ方が、いつごろから誰によってなされるようになったのかを明確に特定することは難しいが[3]、私たち自身がそうした考え方の定着に力を貸していることを忘れてはならない。たとえば普段の会話のなかで「コミュ力」が高いとか低いとかを問題にすること自体が、

「コミュ力」とは何かを定義付け，その定義を定着させる方向へと導いている。つまり，多くの人がそれを誰かに伝えたり，それに基づいた言動を行ったりすることにより，ある一定の意味がつくり出されていくのである。

それは，私たちが何をしなければならないのかとか，何をしてはいけないのか，あるいは私たちに何が期待されているのかといった共通の認識やルール，つまり規範をそれとして成り立たせているのが私たちの日常におけるコミュニケーション行為である，ということである。たとえば親子の普段の何気ない会話のなかで，男の子であれば何をすべきか，あるいは何をしてはいけないのかなどが親から子へと示されるし，女の子であれば男の子とは異なることが教えられる。こうして男らしさとは何かとか，女らしさとは何かといった規範が定着していくのである。

家庭だけでなく学校においても，何がなされるべきで何をしてはいけないかが教師によって教えられる。そして，こうしたいわゆる規律訓練（discipline＝しつけ）は，次第に受動的なものから能動的なものへと変わっていく。たとえば小学校の教室では，教師がつねに目を光らせてルールを教える必要があるが，中学になると，教師の視線を内在化した生徒は，教師がいなくても自主的に学習を続ける（東, 2002）。学習しないという選択があるにもかかわらず，しなかった場合どうなるのかという不安から，学習するというルールに従うのである。

ミシェル・フーコーは，『監獄の誕生』（2007）のなかでこうした権力の形態について，ジェレミー・ベンサムが18世紀末に考案した刑務所のモデルであるパノプティコン（一望監視施設）を用いて，

3）国際化が叫ばれ，英語力の重要性が盛んにいわれ始めるようになった1980年代あたりからではないかと思われる。詳細は，池田（2006）を参照。

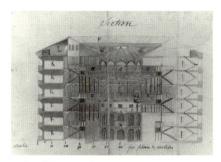

図 2-2 パノプティコン（UCL Library Special Collections 所蔵）

次のように説明している。パノプティコンは，中央に位置する監視塔から，その周囲に円環状に配置されているすべての囚人が収監されている独房を見渡すことができる構造になっているのだが，光量と角度の具合で，囚人側からはその監視塔の内部が見えないため，中に看守がいるかどうかがわからない。したがって，常に架空の視線に怯え，監視の視線を内在化させていくことになる。結果として，看守がいなくても自らが自らを律するようになり，もっとも効率よく機能する監視体制がこうして確立されると説いたのである。

フーコーは，近代以前においては監視者が被監視者の前にいなくては権力を発動することはできなかったが，近代以降は監視者が不在であり，権力の行使が被監視者に気づかれることなく発動される，規律訓練型権力が中心をなすとする。パノプティコンのような施設に見られるように，その中心に位置するものが不在であり，不在であるがゆえに主体化＝従属化が成し遂げられるのである（藤巻・柿田・池田, 2006）。

そして，権力の中心が不在であるにもかかわらず，それがあたかもそうではないかのように見えてしまうのは，私たちがそのように語ったり，ふるまったりするからである。つまり，そうしたコミュニケーション行為によって，権力装置が発動されてしまうのだ。

「コミュニケーション能力」が重視されるようになったのも，誰かが強権を発動したからそうなったのではなく，私たちがそれに追随するような言動を日々行っているからであると考えると，納得できるのではないだろうか。

5 コミュニケーションの可能性

「コミュニケーション能力」を重視する言動がもたらす帰結が，「コミュ力」が低いとみなされる者や「コミュ障」を自称する人たちを排除する方向へとつながることはすでに述べた。しかし，普段の私たちは，そうした何気ない言動が何を生み出しているのかについて意識的になることはほとんどないのではないだろうか。たとえば，幼稚園のお迎えに父親が現れた父子家庭の子どもに，「あれ，お母さんは？」と聞くことがその子を傷つけることになるとか，子どものいない夫婦に向かって「お子さんは？」と尋ねることの暴力性に気づかないことが多いのだ。

そうした私たちの何気ない言動に隠された意味を可視化するのが，コミュニケーションの〈想像／創造する力〉である（池田, 2010）。前述の例から考えると，何気ない発言の結果，他者がどう感じたかを想像できるかどうかが重要となる。そして，そうした想像する力を喚起するきっかけは，お母さんのことを聞かれた子供の悲しそうな表情にあるかもしれないし，子供のことを尋ねられた夫婦の戸惑いの表情にあるかもしれない。そうした他者の存在が，自らの発言が異性愛主義，すなわちヘテロセクシズム[4]を前提にしたものであったことに気づく端緒を開いてくれるのだ。

---

4) 男性と女性からなるペアが当たり前であるとする考え方。一定の夫婦のあり方を強制する力がそこにはある。

そして，自らの発話がもたらすものが何かに思い至ったならば，そこから新たな意味を創造する可能性も生まれてくる。ヘテロセクシズムという枠を外して考えた場合，どういった関係性が築けるのかとか，すでに存在しているにもかかわらず可視化されていなかった関係性に目が向くようになるとか，これまで見過ごしてきたものが気になってくるのかもしれない。私たちの想像力がまさに試されているのである。

> ●**ディスカッションのために**
> 1 ブログと日記の違いや共通点はどこにあるのだろうか。
> 2 「コミュ障」という言葉の使い方について調べてみよう。誰がどのように使っているのだろうか。それによって，どういったことが起こる／起ころうとしているのだろうか。
> 3 「権力の中心が不在であるにもかかわらず，それがあたかもそうではないかのように見えてしまうのは，私たちがそのように語ったり，ふるまったりするから」（☞23頁）だと本文に書かれているが，どういった具体例があるか，話し合ってみよう。

【引用・参考文献】

東　浩紀（2002）．「情報自由論――データの権力，暗号の倫理（3）規律訓練から環境管理へ」『中央公論』**117**(9)，254-263.

池田理知子（2006）．「グローバル化と日本社会――問われる私たちのまなざし」池田理知子［編］『現代コミュニケーション学』有斐閣，pp.241-259.

池田理知子（2010）．「〈想像／創造する力〉としてのコミュニケーション」池田理知子［編］『よくわかる異文化コミュニケーション』ミネルヴァ書房，pp.36-37.

板場良久（2010）．「コミュニケーション能力」池田理知子［編］『よくわかる異文化コミュニケーション』ミネルヴァ書房，pp.30-31.

柿田秀樹・藤巻光浩（2006）．「現代コミュニケーション学の可能性――大澤真幸氏との対話」『ヒューマン・コミュニケーション研究』**34**，5-34.

フーコー, M./田村　俶［訳］(2007).『監獄の誕生―監視と処罰』新潮社 (Foucault, M. (1975). *Surveiller et punir: Naissance de la prison*. Paris: Gallimard.)

藤巻光浩・柿田秀樹・池田理知子 (2006).「コミュニケーションと権力―現代コミュニケーション学が目指すもの」池田理知子［編］『現代コミュニケーション学』有斐閣，pp.1-17.

フランク, A./深町眞理子［訳］(2003).『アンネの日記　増補新訂版』文藝春秋 (Frank, A. (1991). *Anne Frank diary* (only authorized and completed version). Basel, Switzerland: ANNE FRANK-Fonds.)

Watzlawick, P., Beavin, J., & Jackson, D. (1967). *Pragmatics of human communication: A study of interactional patterns, pathologies, and paradoxes*. New York: Norton.

第3章

言　語
権力に対抗する言葉の力

「第60回青少年読書感想文全国コンクール」小学校中学年の課題図書に，水俣病患者に寄り添い続けた原田正純医師の物語である『よかたい先生』（三枝, 2013）が選ばれた。400万編を超える応募があるとされる大規模なコンクールであることを考えると，その課題図書になることによってこの本も多くの小学生に読まれることになる。

よかたい先生
（三枝, 2013）

水俣病を伝えることをテーマに研究を続けている筆者にとって，それはなによりも喜ばしい知らせであった。ところが，それと同時に一抹の不安も覚えた。それは，「読書感想文」「書き方」と入力してネットで検索すると多くのサイトがヒットし，そこから見えてくるのは，ある種の書き方を強要する力であり，子どもたちの率直な感想がつづられるのかどうかが心配になってきたのだ。読書感想文を書くという行為自体の強制力を考える必要があるのではないだろうか。

1 言葉というメディア

 4大公害病のひとつとして教科書でも取り上げられている水俣病は，当初は「奇病」と呼ばれていた。これまで見たこともない奇妙な病気ということで，当時の人たちはそのように呼んだのであろう。新聞報道でも，水俣病公式確認の年である1956年から58年にかけては「奇病」という言葉が使われていた。「水俣病」という名がメディア報道などで一般的に知られるようになったのは，1958年以降のことだったのである[1]。

 しかし，いまでは一般的となったこの水俣病だが，その言葉を使うことに抵抗感を覚える人も少なくない。そのなかのひとりが水俣市立水俣病資料館（資料館）の「語り部」である川本愛一郎だ。資料館のホームページに載せられた彼のメッセージは，次のような一文で始まる。「水俣病は病気ではありません。チッソが起こした傷害殺人事件です[2]」。そして現在の川本の講話では，その言葉すら使われていない。その代わりに「無差別大量傷害殺人事件」という言葉を彼は使っている。自社の工場排水が原因であることを早い段階からわかっていた原因企業のチッソが主犯で，それを知っていながら放置していた国・県・市が共犯となって引き起こされた事件であること，それによって大勢の人が傷害を負い，ひいては亡くなっていったことが，この表現からは伝わってくる。水俣病とは単なる病ではないのである。

 このように同じ現象を指示するものであっても，どの言葉を選び

---

1) （社）水俣病センター相思社職員が相思社の「新聞記事見出しデータベース」を使って検索した結果を参照。〈http://www.soshisha.org/soshisha/shokuin_page/hirotsu/byoumei.htm（最終アクセス日：2015年7月19日）〉
2) http://www.minamata195651.jp/pdf/kataribe13_kawamoto.pdf（最終アクセス日：2015年7月19日）

取るのかによって伝わる意味が変わってくる。逆の言い方をすると，表現の違いによって現象のどの部分に焦点があたっているのかがよくわかる，ということになる。言葉の選択とは，単に表現上の違いにとどまることなく，それによってどういう関係性が生み出されるのかさえも左右するものなのだ。言葉とは私たちと世界をつなぐメディアなのである。

2 言葉と意味

❖ソシュールの言語観

　まず，言葉とはどういうものなのかをフェルディナン・ド・ソシュールの言語に対する考え方を手掛かりに考えてみよう。ソシュールはスイスの言語学者で，1857 年に生まれ，1913 年に亡くなっている。

　古代ギリシャ以降，一貫して主流であった言語観に対して彼は異議を唱える。つまり，言葉とは「モノの名前」ではないとしたのである。従来の言語観では，世界には概念や対象物があらかじめあり，それにひとつずつ対応する形で言葉が存在すると考えられていた。したがって，言葉は対象と密接に結びついており，両者の間には必然的な関係があるとされていたのである。ところが彼は，それを「言語名称目録観」として否定し，言葉よりもモノが先にあるのではなく，名付けられることによって初めてモノはその意味を確定するとしたのだった。

　たとえば，サギを辞書で引くと，次のような説明がなされている。「サギ科に属する鳥の総称。嘴（くちばし），頸（くび），脚（あし）が長くツルに似ているが，やや小さく，飛ぶときにはツルと違って頸を乙字形にまげる……」[3]。言語名称目録観では，こうした特徴をもつ鳥の集団がひとつの概念としてすでに存在しており，それら

に「サギ」という名を付けたということになる。それに対して、鳥類という集団のなかから、上記のような特徴をもつ鳥の一団を切り取り、それらに「サギ」と名付けることで初めてその概念が生まれると、ソシュールはみなすのである。

❖ 記号の恣意性

ソシュールは、この切り取る作業を「星座」が生み出される過程にたとえて説明する。夜空にちりばめられた星を何らかのかたまりとして人為的に切り取り、それにたとえば白鳥座とか小熊座といった名を付けることで星座がそれとして認識されるのだ。

しかし、その切り取られ方は恣意的、つまり気まぐれである。図3-1 を見るとわかるように、現行の星座にあるものの多くが中国の星座には存在しない。また、逆もそうである。しかも私たちが慣れ

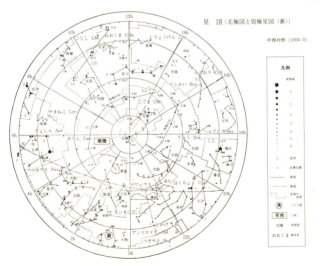

図 3-1 西洋式星座と中国の星座の対照図（橋本, 1993 より引用）

---

3)『精選版日本国語大辞典』(2006) 小学館より。

親しんでいる星座は西洋からもたらされたもので,古代から江戸時代末までの日本では,中国の星座が使われていたのだという。このように,どの固まりをひとつの星座として切り取るのかは時代や地域によって異なるのである。

そうした恣意性は,ソシュールの記号に対する考え方にも表れている。ソシュールは,記号とはシニフィアン(記号表現)とシニフィエ(記号内容)の結びつきによって生まれる概念だとする(図3-2)。たとえば,ネコと発話された音やネコが示された像(シニフィアン)と,ネコという概念(シニフィエ)が結びつくことによって,ネコという記号がつくられる。しかし,英語では「cat」,スペイン語では「gato」というシニフィアンがネコというシニフィエと結びついていることからもわかるように,シニフィアンとシニフィエの結びつきに必然性はなく,恣意的である。ただ,慣習的にそれぞれの言語圏でそのような結びつきをもつようになっただけのことなのである。

同じ言葉であっても時代によって異なる意味をもつこと,たとえば「貴様」が近世中期までは目上の相手に対する敬称だったのが,今では相手をののしる語となったこと[4]などを考えると,シニフィアンとシニフィエの結びつきが恣意的であるとするソシュールの考え方は説得力をもつ。さらに,冒頭の「水俣病」が何を意味するのかがその語を使う人の立場や思惑によって変わることを考えると,

図 3-2 記号／シニフィアン／シニフィエの関係図

4) 筒井康隆の『文学部唯野教授』(2000) のなかで使われていた例。

> ● コラム1　言葉の定着
> 　三崎亜記の短編小説『古川世代』(2013) には、世間がその言葉を「評価」とともに受け入れたことによる騒動の一部始終が描かれている。特定の年代に生まれた古川姓の人たちが「古川世代」として、その優秀性が「真実」として広がっていったのである。そこには何の科学的根拠もなく、また誰が言い出したのかを特定することもできない。にもかかわらず、誰もが疑うことすらしようとしない「真実」としてそれは定着していった。しかし、当初は誰からも無条件に賛美され優遇されていた「古川世代」も、ふとしたきっかけでその言説へのほころびが露呈し、その後手の平を返したようにバッシングを受けることとなった。彼女／彼らは、自らの意思とは無関係に、その言葉に翻弄されていったのだ。
> 　「ひとりっ子はわがままだ」「B型は自己中心的だ」……。私たちの身近なところにも、そうした言葉は潜んでいる。あなたやまわりの者は、そうした「評価」をなんとなく受け入れていないだろうか。

その結びつきがつくり出される権力性を無視するわけにはいかない。誰がどういう文脈でその言葉を使っているのかを見極めなければならないのである。

3　言葉の力の両義性

　言葉には、それが発せられることにより世界が一変してしまうほどの力がある。1789 年のフランスでの人権宣言や、世界を第二次世界大戦へと向かわせるきっかけとなったヒトラーの演説など、言葉の力を感じさせるような多くの事例が過去の歴史を振り返ると見いだせる。人の一生のなかでも、たとえば結婚の誓いをすることによって、まわりの人との関係性が変化するといった例があげられる。たかが言葉の問題といって片づけられないほど、その力は大きいのである。

　また、同じ言葉であってもそれをどう解釈するのかによって与える影響が変わってくることもある。たとえば、1997 年に成立した

臓器移植法は,「人の死」という言葉をめぐる問題を提起した。つまり,脳死が「人の死」に値するのかということである。値すると考えるならば臓器摘出はできるが,値しないとなると摘出はできない。日本語学者である飯間浩明（2002）が下記の一文で指摘するように,これは言葉の問題でもあるのだ。

> 「脳が機能を停止した患者から臓器を取り出す」という行為はまったく同じであるのに,その「脳の機能停止」という状態に「死」という名前（ことば）を与えた場合と,「生」という名前（ことば）を与えた場合とで,患者や家族,そして移植を待つ別の患者などの運命が決定的に変わってしまう。

前者だと合法的な行為になるが,後者だと殺人行為とみなされうるということになる。

　事象の中身自体は変わっていないのに,言葉を変えることによりその印象を和らげようとする場合もある。「精神薄弱」を「知的障害」に,「（精神）分裂病」を「統合失調症」に,「痴呆」を「認知症」に変えたのがそうした例にあたる。これも言葉は単なる「道具」ではなく,何らかの力が備わっていることを知っているからこそ,そのような変更が行われたのではないだろうか。

　しかもそうした変更があると,マス・メディアがいっせいに変更後の用語を使い始めるため,変わったことにすら気がつかない場合もある（池田,2011a）。あるいは気づいたとしても,しだいにその言葉に違和感を覚えなくなり,それが定着し,以前の言葉を忘れてしまう[5]。2014年7月22日に警察庁と厚生労働省が,それまでの

---

5) 呼称変更後の定着がうまくいかない場合もある。以前,「オレオレ詐欺」の代わりに「母さん助けて詐欺」の使用が提唱されたが,いまだに定着していない。

「脱法ドラッグ」という呼称を「危険ドラッグ」に改めると発表し，それ以降のメディア報道では新しい呼び名が使われているが，その「脱法ドラッグ」が以前は「合法ドラッグ」とも呼ばれていたことを覚えている人はほとんどいない[6]。メディア報道と言葉の力の関係にも留意する必要がありそうだ。

4 言語化への強制力

ディスカッションやディベートを取り入れた授業が，最近ではもてはやされている。扉で紹介した青少年読書感想文全国コンクールからもわかるように，言語化を強いる傾向が教育現場において強まっているのではないか。しかもそれは，60年というコンクールの歴史を考えると，今に始まったことではないのかもしれない。作品の読み方は人それぞれであり，さまざまな感想をもってしかるべきである。また，文章力がないといったこととは別の次元で，自分の感じたことや思ったことをうまく文字で表現することができない子どももいるかもしれない。にもかかわらず，ある一定の枠のなかで感想文を書かせ，それを評価するのである。このことから，戦後の日本の教育のなかでは人の気持ちや思いといった言葉になりにくいものを言語化させようとする力が一貫して作用していたことが見えてくる。

しかも，読書感想文を書くためのマニュアルが多数存在するということは，感想文を書くという行為が単純化と画一化から免れえないということを示している。たとえ独創的な感想が書かれたとしても，それはある一定の枠内のものでしかないのかもしれない。

---

6)「合法」から「脱法」への変更は，東京都が2000年代に入って使い始めたことで起こった。2005年には，厚労省の検討会が「違法」を用いるように提案したが，十分に定着することはなかった（本田, 2014）。

マス・メディアで流される情報のなかでは，あいまいな表現をできるだけ避けようとする力が働く。私たちにとっては相対的にあいまいに聞こえてしまう天気予報であっても，「曇りのち晴れ，ところによっては雨，とはいっても曇りとは言い切れないし，一日中晴れとも言いがたい。まして雨が降らないとは言い切れないし，ところによってはかなり降るかもしれない」といった表現を耳にすることはないはずだ[7]。あいまいな部分がたとえあったとしても，できるだけ多くの人たちにわかりやすい情報を届けることを心掛けているためなのか，そうした表現を避けるというという不文律がメディアでの情報発信に関してはあるのだろう。

　しかしこのあいまいな表現はできるだけ避けるべきだというルールが，私たちの日常においても幅を利かせつつある。第2章で見たように，あらゆる場面で自分の考えていることを的確に，かつ要領よく相手に伝えなければならないという社会的圧力が強まっているのである。だとすると，とにかく何らかの考えを即座に言語化できないと，周囲から認められないということになってしまう。

　そうした言語化を強要する流れへの抵抗の一歩となりうるのが，たとえ無理に言語化したとしてもなお言語化しえないもやもやとしたものや，不明瞭な何かが自分自身のなかにあることに気づくことかもしれない。ジュリア・クリステヴァは，いまだ対象（objet）とはなっていないものという意味で「アブジェ（abjet）」という概念を提示した。「おぞましきもの」という意味もある「アブジェ」は，たとえば身体の外に排出された自らの汚物のように，自分自身のものとは認めたくないものでもある。いまだ対象になっていない自らのうちにあるおぞましきものが何なのか，それは言語化できない何かかもしれず，そうしたものが存在するということに気づくことも，

---

[7] 池田（2011b）を参照。

ときには必要なのではないだろうか。それは，自らのうちにある他者と向き合うことなのかもしれない。

5 権力と言葉

いったい言葉とは誰のものなのか。そうしたことを考えさせてくれるのが，水俣市在住のある女性から渡された図3-3の名刺である。現在，彼女は水俣市立水俣病資料館で「語り部」をしているが，そこでは「認定患者」である父を亡くした「水俣病患者家族」として紹介される。資料館の定義では，「公害健康被害の補償等に関する法律」（公健法）により県から患者認定され，医療費や補償費を受けている者のみが「水俣病患者」なのであろう。彼女の場合は，2011年に和解したノーモア・ミナマタ訴訟の原告のひとりとして，その裁判の和解により一時金と医療費給付の対象者となっているので，「水俣病被害者」とみなされているのである。

2013年7月31日に申請が締め切られた「水俣病被害者の救済及び水俣病問題の解決に関する特別措置法」（特措法）でも，そこには似たような理不尽な「線引き」があった。「救済」の対象者は，県が定めた不知火海沿岸の限定的な地域に一定期間住み，水俣病発生の原因となったアセトアルデヒドの製造をチッソが終了した翌年

図3-3 「水俣病患者」と書かれた名刺（著者撮影）

の1969年11月末までに生まれた人であり，それ以降に生まれた人はへその緒や過去の毛髪水銀値の科学的データといった具体的な証拠がない限り対象外とされたのである。不知火海の汚染された魚を多食し，同じような水俣病の症状があるのに，なぜそうした「線引き」を受け入れなければならないのか。彼女の名刺は，「患者」と「被害者」に分断しようとする権力側の思惑に対して，同じような症状をもつ者が「水俣病患者」なのだというメッセージを発しているように思える。

　国民国家の誕生を可能にするために「国語」がつくり出されたように，言葉は人びとをまとめる力をもつ（田中, 1981）。言葉のそうした力を利用しようとする権力側の思惑どおりにならないためにも，言葉のもつ作為的な意味に気づき，それを無条件に受け入れることなく，ときにはそれを自分たちのものとして選び取っていく必要があるのではないか。

●ディスカッションのために
1 「黙っていてはわからない」と言う／言われることによって，相手との関係性にどのような変化がもたらされるのか，さまざまな可能性について考えてみよう。
2 「名付ける」という行為の暴力性について話し合ってみよう。
3 自分自身のなかにあるかもしれない言語化できない何かと向き合うという試みから，何か気づいたことはあるだろうか。
4 「言葉による抵抗」の例としてどういうものがあるだろうか。

【引用・参考文献】
飯間浩明（2002）．「カステラから脳死まで」〈http://www.asahi-net.or.jp/~QM4H-IIM/k020527.htm（最終確認日：2015年7月19日）〉
池田理知子（2011a）．「ことばと支配」板場良久・池田理知子［編］『よくわかるコミュニケーション学』ミネルヴァ書房, pp.28-29.

池田理知子 (2011b).「メディエーションの意味」板場良久・池田理知子［編］『よくわかるコミュニケーション学』ミネルヴァ書房, pp.26-27.

クリステヴァ, J.／枝川昌雄［訳］(1984).『恐怖の権力―〈アブジェクション〉試論』法政大学出版局 (Kristeva, J. (1980). *Pouvoirs de l'horreur: Essais sur l'abjection*. Paris: Editions du Seuil.)

ソシュール, F. de／小林英夫［訳］(1972).『一般言語学講義』岩波書店 (Saussure, F. de (1916). *Cours de linguistique générale Broché*. Paris: Payot.)

田中克彦 (1981).『ことばと国家』岩波書店

筒井康隆 (2000).『文学部唯野教授』岩波書店

橋本敬造 (1993).『中国占星術の世界』東方書店

本田清悟 (2014).「(射程)「危険ドラッグ」への変遷」(2014年7月31日朝刊2面)

三枝三七子 (2013).『よかたい先生―水俣から世界を見続けた医師 原田正純』学研教育出版

三崎亜記 (2013).「古川世代」『玉磨き』幻冬舎, pp.83-120.

第4章

時　間
継承されるものから見える関係性

『WOOD JOB！—神去なあなあ日常』
（ジャンゴフィルム：販売元＝東宝）

　矢口史靖監督の映画『WOOD JOB!』は，林業に携わることになった青年の成長の物語である。都会育ちの頼りなさそうな青年が，林業の研修生として山に入り，先輩たちから多くのことを学んでいく。そのなかのひとつが，「時の流れ」である。「自分たちは顔も知らない，曾おじいさんあたりが植えた木を伐って稼いでいる。同時に，いま植えている苗は自分らが死んだ後に孫やひ孫が伐って生活の糧にするんだ」（『WOOD JOB!』カタログより）。山とそこにかかわる人間の営みには世代を超えた時が流れている。

1 家というメディア

扉で紹介した映画の主人公，勇気は，三重県の山の中での1年間の林業研修を終えて都会に戻る。そこで出会ったのが，木の香漂う建築中の家だった。昔ながらの伝統的なつくりの家には，山に流れる時間と同じように，世代を超えた時が流れている。

たとえば，法隆寺が建立されたときからほぼ変わることなく受け継がれてきた木の組み方が，そうした家では用いられている（図4-1参照）。したがって，必要に応じて手をかければ次世代，あるいはまたその次の世代へと引き継がれていく。そして，いずれ廃屋となるときには，構造材の一部は古材として再利用されるかもしれないし，それ以外の物はほとんどが自然へとかえっていく。構造材や建具に使われた木は燃えて灰や煙となり，土壁や漆喰は土にもどるのである[1]。

しかし，現在建てられているものの多くは，そのような家ではない。大手住宅メーカーが手掛ける家が市場のシェアの大半を占めており，そうした家づくりに流れる時は昔ながらの家のそれとはまるで対極にあるかのようだ。木の性質に合わせて比較的長い納期が組

図 4-1 伝統的なつくりの家の木組み（古川保氏撮影）

---

1) 詳細は，池田（2014）を参照。

まれる家づくりとは異なり、数か月先に設定された納期に合わせて工程が組まれるのが最近の家である。家の寿命はというと、30年から長くてもせいぜい40年、その世代限りの住宅である。そして、使われている物で自然にかえるものは少なく、結局は大量の産業廃棄物を生みだしてしまう。

家を見れば、そこに住む人がどういった暮らしをしているのかがわかるといわれてきた。たとえば庭に盆栽があるとか、玄関の脇に花がきれいに植えられているとかすると、どういう人がそこで暮らしているのかが想像できそうだ。そして、家をメディアとして捉えると、どのような「時」を媒介しようとしているのかも見えてくるだろうし、比較することによってその違いがより顕著になる。「時」をどのように認識するのかによって、〈コミュニケーション＝他者との関係性〉が変わってくるのである。

2　速度とコミュニケーション

第1章でもすでに触れたように、私たちの生活のペースは昔と比べて格段に速くなっている。テクノロジーの進歩とともに、より多くの活動を短時間でこなせるようになり、一見すると余裕ができたかのように思えるのだが、逆にその余った時間をさらに別の活動で埋めようとするためにますます忙しくなる。たとえば辻信一（2004）が指摘しているように、車があれば移動にかかる時間が大幅に短縮されるが、その代わりに車がなかったときには行けなかったところへも行こうとする。結局、次から次へと加速度的に物事をこなしていかなければならなくなるのだ。

そうした変化によって何が失われたかというと、ひとつには考える時間である。ポール・ヴィリリオ（2003）が指摘するように、コンピューターやインターネット、携帯電話などのテクノロジーが発

達することで、リアルタイムのコミュニケーションが可能となる一方で、そうしたツールに振り回され、結局は思考する時間が奪われてしまうというようなことになりかねない。たとえばSNS（ソーシャルネットワーク）のひとつであるLINEのユーザーには、相手からメールがきて、それを読んだらすぐに返事を書かなければならないといった強迫観念にとらわれている人が多いという。メールを読んだかどうかが相手に知らされる「既読」の機能があるため、すぐに返答しないと余計なことを勘繰られるし、次の日に直接顔を会わせたときに気まずい思いをしたり、とがめられるといったこともあるらしい。そうしたやり取りに多くの時間が割かれると、本来考えたいことや、考えなければならないことに使える時間が少なくなってしまう。

　さらに、ネットワーク・テクノロジーを介すことによって途中の空間を消去する形で他者と関わることを「望遠レンズ的＝遠隔対照的な関係」とヴィリリオ（1998）は呼び、人が身体的に移動することで他者と関わる「道筋的＝移動経路的な関係」と区別している。前述のLINEの例でもわかるように、前者は瞬時に相手とつながれる。しかしそれによって失われるのは、具体的な語らいやお互いがしっかりとつながっているという安心感なのかもしれない。

　最近、ネットの検索だけで自分が住むアパートを決めたという知人の話を聞いた。駅から数分のところにあり、コンビニが近くにあるという条件をクリアしていたことが決め手になったのだという。しかし、街の雰囲気はどうなのか、隣近所にどういう人が住んでいるのかなど、実際に現地に行ってみなければ知りえないこともあるはずだ。しかもそこに少なくとも数年間は住むのだし、短期的な滞在先のホテルを選ぶのとはわけが違うと思ってしまうのだが、結局、彼女は「望遠レンズ的＝遠隔対照的な関係」のなかから住居を選んだのであった。それは、短期間で住居を決めなければならないとい

3 時計の歴史と精度

　現代の時に関するもうひとつの関心事は、正確さである。第1章で紹介した和時計は、1873年の不定時法から定時法への時法の改正により役に立たないものとなったのだが、それ以前に精度において西洋の時計と比べて大きく後れをとっていた。17世紀の後半にはすでに西洋では使われなくなっていた冠形脱進機・棒テンプという技術が明治初年ごろまで使われていたため（山口, 1974）、1日に15分から1時間ほどの誤差が生じていたのだという[2]。現代の感覚からすると、まったく使い物にならないということになる。

　明治になると、ゼンマイ式振り子時計といった機械時計が西洋から輸入されるようになる。その後、それまで和時計をつくっていた職人たちの活躍もあり、日本各地で多くの時計メーカーが誕生し、日本製の機械時計もつくられるようになった（池田・鄭, 2006）。

　和時計の時代からゼンマイ式機械時計になって、1日に10秒から1分程度の誤差へと精度が高まったのだが、電子技術の導入によるクォーツ時計の出現で、ひと月で15秒以内、なかには1年で数秒程度の誤差のものへと、それまでと比べて精度が1000倍近くも向上したのだった（織田, 1999：109）。そしてその後普及したのが、標準時刻電波の受信機能を備えた電波時計である。電波時計のシェアではトップクラスを誇るメーカーのホームページには、「時は、ズレてはいけない」というキャッチフレーズが載せられている

---

2) http://homepage2.nifty.com/luminaries/guidance/buturi_091.htm（最終アクセス日：2015年7月20日）

が(シチズン時計, 2015)，正確さを追求しようとする姿勢がここからもうかがえる。翻ると，それは消費者が正確さを求めているからであり，だからこそそのような表現がなされるのである。

1秒の長さの定義，つまりその正確さを追及するための技術開発競争も続いている。1日の長さとは，太陽が真南を通ってから，翌日また真南を通るまでの平均時間(＝平均太陽日)である。その24分の1が1時間で，その60分の1が1分，そしてその60分の1が1秒となる。しかし，時計技術の発達によって，逆に地球の自転速度が一定のものではないことがのちにわかってくると，その1秒の定義も変わっていった。

現在の1秒は，「セシウム133の原子の基底状態の二つの超微細構造準位の間の遷移に対応する放射の周期の9 192 631 770倍の継続時間」(産業技術総合研究所計量標準総合センター, 2006：23)と定められている。それまでの地球の公転を基準としていたものから，1967年の国際度量衡総会で承認されたこの定義へと変更されたのである。そしてこの正確な基準を決めているのが原子時計であり，数十万から数千万年に1秒程度しかズレないという高精度を実現させた。しかし，それでも誤差がまだ大きいとして，新たな時計の開発が進められている。そのなかのひとつが光格子時計だ。その時計の開発に携わる安田正美(2014)は，精度の高い振り子時計の発明によってケプラーの法則やニュートン力学が生まれ，その後のパラダイムシフトにつながったことに鑑みると，今回の時間計測の精度向上が新たなパラダイムシフトを起こすきっかけとなる可能性があることを指摘する。

しかし，1秒がどのように定義されようとも私たちの日常にすぐに影響があるわけではない。正確な定義がなされることで原子核の色を識別できるようになるとか(安田, 2014)，地下資源や地殻変動の調査に役立つ(熊本日日新聞, 2014)といった技術の進歩につなが

> ●コラム1　時の基準
>
> 　柳家小ゑんの創作落語に「銀河の恋の物語」というのがある。七夕の話をネタに展開する小噺で，こと座の一等星ベガである織姫と，わし座の一等星アルタイルである彦星は1年に1回しか会えないことになっているが，人間の寿命が仮に100年だとしてその星（100億年）を人間の寿命に換算し直すと，0.3秒に1回会っていることになるというものだ。そう考えると，ロマンチックでもなんでもない話になってしまう。
> 　このように，基準を何にするのかによって見えてくるものが変わってくる。しかも，その基準自体もあやふやなものかもしれないのだ（☞8章）。たとえば，多くの人が普遍的なものだと思っている時の長さも，1センチの高低差で変わってくる。アインシュタインの一般相対性理論によると，重力の強いところでは時間はゆっくり進む。したがって，地表面に近いほど重力が強くなり，1センチ地表に近づくにつれて約 1×10^{-18} だけ時間の進みが遅くなる。
> 　本文中にでてきた光格子時計は，こうしたわずかな差まで計測できる技術なのだという。「これまで時間を共有するための道具と考えられてきた時計」が「重力で歪んだ時空間を探る新たな役割を担う」ことになり，これが「未来の時計」の姿なのだと光格子時計研究の第一人者である香取秀俊が所属する大学の物理工学科のホームページには書かれている（東京大学工学部物理工学科, 2015）。「未来の時計」は私たちの日常からますます離れていってしまうようだ。

ると聞かされても，その進歩自体がはたして私たちの生活を豊かにしてくれるのかどうかは未知数である。素粒子物理学での成果が原子爆弾の開発や原子力発電へとつながったのであり，その技術が次の世代に何をもたらすのかを含めて考えてみなければならない。

4　マクドナルド化と時間

　最近の発酵食品の多くには添加物が使われている。もともと保存食であった梅干しやラッキョウといった漬物は腐食しにくいものだったのに，現在市販されているものの多くには防かび剤や保存剤が

使われている。偏った健康ブームのせいで，保存料の役目を果たしていた塩や砂糖を減らし，その代わりに体に悪影響があるといわれている添加物を加えるというおかしなことが起こっている。

私たちの生活がこうした市販品なしには過ごせなくなったのも，もともと家庭でつくられていたものが，安価で市場に出回るようになったことと無関係ではない。私たち消費者もそうした商品を便利なものだとして購入している。しかしそれが，前述した車の例のように，時間の節約になっているかどうかは疑わしい。

ジョージ・リッツア（1999）は，こうした矛盾をマクドナルド化という概念を用いて説明している。マクドナルド化とは，効率性と計算可能性，予測可能性，制御の4つの考え方が社会のあらゆる分野に広がっていくことを指す。

一番目の効率性とは，「ある点から別の点に移動するための最適な方法」（リッツア, 1999：30）を意味する。空腹を手っ取り早く満たしてくれるのが，マクドナルドをはじめとしたファースト・フード店の商品である。しかも車から降りることなく食べ物や飲み物を購入できるドライブスルーというシステムもあり，購入後は直ちにそれらを口に入れることができるのである。

図4-2 『マクドナルド化する社会』（リッツア, 1999）

二番目の計算可能性は，その名のとおり計算が可能なこと，つまり定量化できることを重視するものである。これは，効率性追求のためには欠かせない。あらゆるものを数値化し，可視化することによって効率的かどうかが判断しやすくなる。

三番目の予測可能性は，どこでも同じ商品とサービスが提供されるという保証のことを指す。どのチェーン店に行っても同じものが買えるし，店員の対応もマニュアル

●コラム2 「時計時間」と「出来事時間」

「速度」や「正確さ」を求めることで,私たちの生活にどういった変化がもたらされたのだろうか。ロバート・ラウアーの「時計時間」と「出来事時間」という概念を手掛かりに考えてみる (Lauer, 1981)。

本文中のアパート探しのように,期限内にことを収めるためには多少の不都合には目をつぶるという発想は,「時計時間」に合わせた日常を送ることと関連する。しかもそれは,納期に間に合わせるために大量の肥料や農薬をまいて促成された野菜や果物を消費する生活にまでつながっている。まわりの環境に合わせて成長していく自然の生き物に人工的な手が加えられ,生産管理され,消費者のもとへと運ばれるのである。何事も機が熟したときがその「時」であるとする「出来事時間」とは,対極をなす。

「出来事時間」によって生じるのが,発酵という作用である。酵母や細菌などの微生物が自分の酵素でさまざまな有機物を分解して,最終的には酒や味噌,醬油,チーズといったものを生み出す。そして,その発酵が十分になされたかどうかを見極めるには自分の目や舌で確かめるしかない。菌は生きており,人間の手で完全にコントロールすることはできないからである。同じ条件の温度や湿度のもとであっても,それぞれの菌には「個性」があるため,発酵の速度には違いが生じるという(渡邉, 2013)。

しかし,「出来事時間」によってなされる発酵という作用にも人工的な手が加わり,コントロール可能なものへとつくり替えられる,ということが実際起きている。たとえばパンづくりには欠かせない(と思われている)イースト菌がそうである。パンを膨らませるのに適した菌だけを人工的に培養させてつくられるイースト菌は,気まぐれな天然酵母に比べてパンづくりをはるかに楽にしてくれたのだという。ただし,その培養の仕方には問題があるらしく,培養液の中にさまざまな添加物を混ぜたりすることもあるそうだ(渡邉, 2013)。また,イースト菌を使ったパンは,天然酵母を使ったものに比べて味に深みがないと指摘する人もいる。効率化によって失われるものは小さくない。

化されているため一律のサービスが受けられるのである。

四番目の制御は,「人間技能の人間によらない技術体系への置き換え」(リッツア, 1999:34)を指す。決められた動作が定められた時間内で行われることがそこでは求められるのだが,それでもヒュ

ーマンエラーは避けられないため，機械に置き換えられる作業はできるだけそうするのである。また，マクドナルドの椅子がプラスチック製で座り心地が悪いことも制御のひとつである。こうすることによって，長居する客がほとんどいなくなるからだ。

このように安くて簡単に手に入る商品を提供してくれるため，一見すると効率的なシステムのように思えるのだが，リッツア（1999）は「合理性の非合理性」として，そのシステムの脱人間性の問題を指摘する。いつでもどこでも同じ商品の提供を可能にするためには，まず，生産の段階から規格外のものを排除しなければならない。形の整ったマックフライポテトの裏には，大量生産のための化学肥料と農薬散布による栽培と，規格外のじゃがいもの大量廃棄が隠されている。また，従業員の作業は単純化され，よりよいサービスを提供するための技術の向上や工夫の余地はない。消費者が自分で空いている席を見つけ，食べ物を運んだり片づけたりと働かされるのだ。

本来，バランスのよい栄養摂取が必要なはずの食事の中身も，高カロリーで高脂肪なものである。身動きひとつできないような鶏舎で飼育された鶏が，さまざまな添加物で味付けされ，たとえばチキンナゲットになる。ドキュメンタリー映画『スーパーサイズミー』(2004) のなかで，モーガン・スパーロック監督が自らに課したマクドナルド製品だけを1か月間食べ続けるという実験が，ドクター・ストップによりリタイアせざるをえなかったという結果をもたらしたことの意味を考えてみる必要があるだろう。

図4-3『スーパーサイズミー』(販売元＝クロックワークス)

こうした4つの原理とその矛盾が社会のあらゆる分野を侵食しているというのがリッツアの主張である。そして，この4つを可能にしているのが，近代的時間意識，つ

まり「速さ」と「正確さ」を重んじる社会の意識なのだ。

5 継承されるもの

　一見すると時間や金銭の無駄だと思えるものが，実はそうではなかったということがよくある。そのひとつが20年に一度行われる伊勢神宮の社殿の建て替えである。2013年はその式年遷宮の年にあたっており，しかも出雲大社もその年が60年に一度の遷宮の年であった。この偶然の重なりが20年と60年の差を際立たせ，伊勢神宮のほうが贅沢だと思った人が少なくなかったのではないだろうか。

　ところがこの20年に一度の建て替えは，ぜいたくかどうかという問題などではなく，「技術の伝承」という目的を果たすために必要不可欠なものだったのである。身をもって技術を伝授するしかない職人の世界では，建て替えの機会がなければ次の世代を育てることができない。出雲大社のように60年に一度しか行われない場合は，一生に一度しか職人が建て替えを経験できないことになり，技術を伝えていくことがより困難になってしまうのである。しかも，伊勢神宮の解体材は橋などに転用されるのだそうで，無駄にはなっていない。1300年にわたって続けられている式年遷宮という行事があるからこそ，それが存続できるのだ。

　現在建てられている新築の家の大半は，工場でプレカットされた木材が使われ，現場では組み立てるだけでいいようなつくりになっている。しかも，それぞれの住宅メーカーが海外のものをまねたさまざまな工法を採用しているため，前職で得た経験やノウハウを生かせる場が少なく，特に若手の転職が難しくなったといわれている。つまり，継手や仕口といった伝統的な技術を継承することが困難となり，それが問題となっているのだ。

また，2014年7月30日のニュースでは，日本の空き家率の高さが報じられ，全国でほぼ7戸に1戸が空き家になっている（田中・武井，2014）。もちろんそのすべてではないだろうが，まだ住める家であっても継承する者がいないといった状況が生まれているのではないか。いずれ解体されるであろうそうした空き家は，私たちに何を問いかけているのだろうか。

　「時」という観点から家を眺めると，さまざまな関係性がそこから見えてくる。やはり，家とは時の流れを映し出すメディアだということが確認できるのではないだろうか。

●ディスカッションのために
1　本文中に出てきた伝統的なつくりの家は，「時」のメディアである。そうしたメディアがほかにないか考えてみよう。
2　マクドナルド化が進行している具体例をあげて，「合理性の非合理性」がどういうところに現れているのかを考えてみよう。
3　「時間の無駄だ」といわれていたものが，実はそうではなかったという具体例をあげてみよう。なぜそのようにいわれていたのだろうか。

【引用・参考文献】
池田理知子（2014）．『シロアリと生きる―よそものが出会った水俣』ナカニシヤ出版
池田理知子・鄭　偉（2006）．『中国と日本における時間―異文化を流れる「時差」』国際基督教大学社会科学研究所
ヴィリリオ, P.／本間邦雄［訳］（1998）．『電脳世界―最悪のシナリオへの対応』産業図書（Virilio, P. (1996). *Cybermonde, la politique du pire*. Paris: Textuel.）
ヴィリリオ, P.／青山　勝・多賀健太郎［訳］（2003）．『自殺へ向かう世界』NTT出版（Virilio, P. (2002). *Ce qui arrive*. Paris: Galilée.）
織田一朗（1999）．『時計と人間―そのウォンツと技術』裳華房
熊本日日新聞（2014）．「科学する人 次世代の時計候補に」『熊本日日新聞』

(2014年6月4日朝刊19面)
産業技術総合研究所計量標準総合センター［訳・監修］(2006).「国際単位系（SI）日本語版 第8版」〈www.nmij.jp/library/units/si/R8/SI8J.pdf（最終確認日 2015年11月2日）〉
シチズン時計 (2015).「パーフェックス」〈http://citizen.jp/technology/perfex_top.html（最終確認日：2015年7月20日）〉
田中聡子・武井宏之 (2014).「空き家率，最高の13.5%」『朝日新聞』(2014年7月30日朝刊1面)
東京大学工学部物理工学科 (2015).〈http://www.ap.t.u-tokyo.ac.jp/education/labs04.html（最終確認日：2015年7月20日）〉
辻 信一 (2004).『スロー・イズ・ビューティフル―遅さとしての文化』平凡社
安田正美 (2014).『1秒って誰が決めるの？―日時計から光格子時計まで』筑摩書房
山口隆二 (1974).「序説」河合企画室時計史年表編纂室［編］『時計史年表』河合企画室，pp.ii-ixv.
リッツア, G.／正岡寛司［監訳］(1999).『マクドナルド化する社会』早稲田大学出版部 (Ritzer, G. (1996). *The McDonaldization of society (revised edition)*, Thousand Oaks, CA: Sage.)
渡邉 格 (2013).『田舎のパン屋が見つけた「腐る経済」』講談社
Lauer, R. H. (1981). *Temporal man: The meaning and uses of social time*. Westport, CT: Praeger.

第5章

空　間
「所有」を志向する画一化と分断という行為

「大切に売りたいので，たくさんは置いてありません。／不便な本屋かもしれません。／探している本は見つからないかもしれません。／でも，旅先でふと出会う人や風景のように本と出会える本屋でありたいと思います」。

熊本市にある橙書店の本棚
（著者撮影）

　店主のこうした挨拶がさりげなく置かれたこの書店の本棚には，ほかの本屋にあるような分類の決まりがない。絵本の隣に小説があったり，写真集と小説や評論が混在していたりと一見すると無秩序な並びになっている。なかには詩集だけがまとめて置いてある棚もあり，それなりの並べ方の方針はあるようなのだが，いわゆるジャンル別に並んではいないのだ。しかも，カテゴリーを示すサインもない。それぞれの本が独自の声を気ままに発しているようで，訪れる人にとって心地よい空間である。いったい私たちは，いつから当たり前のように与えられたカテゴリーに囲まれた空間に慣れてしまったのだろうか。

1 地図というメディア

2011年6月にGoogleが立ち上げた「未来へのキオク」プロジェクトは、ユーザーに東日本大震災前の風景の写真・動画共有サービスへの投稿を呼びかけ、それらをこのプロジェクトのために作成されたサイト上で公開するというものであった[1]。そして2013年9月には、岩手県と宮城県の被災地の「震災前」と「震災直後 (2011年撮影)」、「震災3年目 (2013年撮影)」の様子がストリートビューで見られるというサービスも開始した[2]。こうした一連の動きが私たちの日常にいったい何をもたらすのだろうか。

『地図の想像力』(2009) のなかで若林幹夫は、地図とは「「意味としての世界」を記載し、保存し、伝達するための媒体(メディア)」(若林, 2009:66) だとする。そしてその媒体によって、同じ「意味としての世界」を人びとが共有するようになるという。だとするならば、前述のGoogleのサービスがもたらすものは、被災地の画一的な過去・現在・未来の姿の共有なのであり、そうした写真をアップすることで、本来は多様であったはずの記憶があるひとつの意味に固定化されるということになりはしないだろうか。

地図は、さまざまな意味をもつ場所からその目的以外の余分なものをそぎ落とし、空間へと変換するメディアである[3]。そのメディアが、私たちをどういった他者と結びつけようとしているのか、あるいはある一定の人びとを排除する方向で作用していないかを読み取っていかなければならない。空間の認識が私たちの日常とどのよ

---

1) https://www.miraikioku.com/info/ (最終アクセス日:2015年7月20日)
2) http://googlejapan.blogspot.jp/2013/09/tohokusv.html (最終アクセス日:2015年7月20日)
3) 場所 (place) と空間 (space) の違いについては、ジョシュア・メイロウィッツを参照されたい (メイロウィッツ, 2003)。

うに関係するのかを考えるうえで,地図は重要な手掛かりを与えて
くれる。

2 近代化と空間の認識

❖侵略と所有の歴史

　若林（2009）は,「世界がメルカトル図法で作図されたような単一の連続平面であること,そしてその内部がいくつもの国によって色分けされていること」がいまや私たちにとって自明のこととなっているさまを指摘し,そのような世界を「近代的世界（modern world）」と呼んでいる（若林, 2009：140）。そして,その「近代的世界」の幕開けを大航海時代と位置付ける。1418年のポルトガルのエンリケ航海王子によるアフリカ沿岸の探検開始や,1492年のコロンブスの新大陸「発見」[4],1497年のヴァスコ・ダ・ガマのアフ

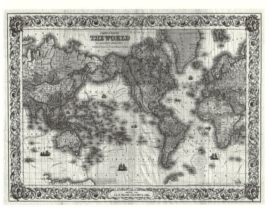

図5-1　メルカトル図法による地図（19世紀にアメリカの地図作成者 Joseph Hutchins Colton によって作成された地図）

4）コロンブスが大西洋を横断する航海は計4回行われており,1498年の第3次航海のときに初めて南米大陸本土に上陸している（山脇, 2008）。

リカの喜望峰経由によるインド到達，1520年のマゼラン艦隊による世界周航といった地中海という内から外の世界へとヨーロッパ人が出ていき，地球上での「発見」が次々となされたことがその契機となったのである。

こうした「発見」が国家を後ろ盾に行われたことと，のちに続くそうした土地の「征服」には連続性があることは明らかである。前述の大航海は一個人として行われたことではなく，国家の名のもとになされたのであり，「行く先々に国家の痕跡を残して」いくことがその目的でもあった（若林, 2009：167）。しかし，その「発見」された土地にはもともと住んでいた人たちがおり，「発見」というのはあくまでもヨーロッパ人の視点が反映された表現である。同様に，「征服」もそうである。現地住民の視点を反映させるのであれば，むしろヨーロッパ人の「到来」と「侵略」が妥当な表現となるはずだ（山脇, 2008）[5]。

ヨーロッパ人による「侵略」は，彼らの一方的な土地の「所有」へとつながっていく。原始的で野蛮な存在と現地人をみなし，異なる「所有」の概念があるかもしれないなどとは想像すらせずに土地を奪っていったのだった。たとえば遊牧民であれば，私たちにとっては当たり前に思える土地を所有するという概念がないだろうし，昔の中国や日本のように土地とは一時的にその土地の神から借りるものと考えるところもあるはずだ。また，オーストラリアのアボリジニのように，精神的なつながりを含めた土地との強い結びつきを歌や物語，ダンス，絵によって表現しているところもある。文書化された所有権の記録や権利証書だけが，所有の証ではない[6]。にもかかわらず，この空間を「所有」するという西洋的な概念が，所与

---

5) 10月12日を「コロンブス・デイ」として祝う人たちの歴史観・世界観と，「人種の日」とする中南米の人たちのそれを比較することで見えてくるものが何かを考える必要がある（山脇, 2008）。

のものとしてその後の私たちの生活の隅々にまで影響を及ぼしていくのである。

❖近代化とカテゴリー

〈所有／非所有〉という二者への区分,しかもそれが非対称な力関係を内在していることが近代化のひとつの特徴となっている。世界を「支配する者」と「支配される者」,「持てる者」と「持たざる者」へと分かつのである。そして,メルカトル図法による地図が国を色分けして示すように,あらゆるものが分類され,一定の空間に配置される。

そうした様子がよくわかるのが,近代的なミュージアム[7]という空間である[8]。博物館や美術館,資料館,動物園といったミュージアムには,それに従って進むべきとされる順路がたいてい用意されている。そして,その順路をたどっていくとある物語が完結するかのようなつくりになっている。そうした順路に従わせるための小道具が,順番に振られた番号なのだ。

テーマごとに区切られた展示スペースにも数字やアルファベットといった記号が付され,仕切られている。そしてそれぞれのスペースは,ある種の分類法によって区分けされた展示物で成り立っている。このように,ミュージアムという空間はある一定の法則に従って秩序付けられた,いわばシステム化されたものなのである。

ミュージアムという空間の近代化に大きく寄与したのが,リンネ

---

6) 1992年のマボ判決によって初めて先住民の土地所有の権利が認められた。イングリッド・ピラー (2014) は,こうしたヨーロッパ人とアボリジニの主張の違いをコミュニケーション相対性として説明している。
7) 近代的ミュージアムとは資料を広く大衆に公開するためのものであり,その出発点は近代市民革命期 (17世紀以降) であるとする見方が一般的である (伊藤, 1993：135)。
8) 詳細は,池田 (2013) を参照されたい。

やビュフォンといった18世紀の博物学者が行った科学的な分類法であった。それまで具体的なコンテクストのなかにおかれていた動植物が，一定の法則に従って収集・分類され，展示されていく。そうした動植物の再編成／序列化が，それ以降「当たり前」であるかのようになされるようになったのであり，それは，ミシェル・フーコー（1974）が指摘するように，人がどのように自分や周りの世界を認識するのかに対する大きな変容をもたらしたのだった。そして，再編成／序列化した世界が自明のものとなり，それに基づいた発話を私たちは当たり前のように行うようになったのである。つまり，近代における科学的思想に基づく空間の再編は，私たちの日常すらも変えていったのだ。

3 境界線の政治性

❖恣意的な国境

自然の動植物が具体的なコンテクストから切り離され，ミュージアムという空間に配置されるという17世紀から18世紀のヨーロッパで起こった変化は，近代的地図が測量に基づいた「客観的」なものへと変わっていったことと呼応する。いずれも科学的な言説に基づき空間が再編成されたのであり，それがひとつの見方を反映したものにすぎないにもかかわらず，世界を席巻してしまった。しかし，別の根拠が生まれれば線の引き方はいともたやすく変わってしまう。つまり，それは恣意的なものにすぎないのである。

地図上の線が政治的な思惑を反映したものであることは，よく知られている。たとえば世界地図に引かれている国境を示す線のなかには地理的条件を無視した，不自然な直線が多数存在する。特にアフリカ大陸にはそれが顕著に見られる。これは，大航海によって「発見」された土地がヨーロッパ諸国の植民地となり，そのときの覇権

国同士の取り決めによって国境が恣意的に決められたためである。

　戦争や国の体制の変化によっても，国境が変わる。たとえば，ドイツとフランスの国境地帯にあるアルザス・ロレーヌ地方は，戦争のたびに帰属が変更され，その都度線を引き直さなければならなかった。かつてのドイツを東西に分断していた線も 1989 年のベルリンの壁崩壊後に消滅したし，ソビエト連邦崩壊後の国境線もまったく異なるものとなった。

　線引きをめぐる争いもあとを絶たない。前述のアルザス・ロレーヌ地方をめぐる争いと同様に，アラブとイスラエルのパレスチナ紛争や，インドとパキスタンの間でのカシミール地方の領有権争い，

●コラム1　決められない県境

　いまどき県境をめぐって争っているところなどあるのだろうかと思う人が多いのではないだろうか。ところが実際は，県境が確定していない県が半数近くもあるのだそうだ（浅井, 2013）。そうしたところの大半は，特に支障がない限りそのままにされているようだが，利権が絡むとどこに県境を定めるかが問題となる。2008 年にようやく県境が確定した十和田湖もそのひとつであった。人も魚も住まない湖だったときには問題にもならなかったのだが，1900 年前後の養殖業の始まりによって，県境問題が浮上した。それ以来何度も青森県と秋田県の間で協議が重ねられ，最終的には，県境を決めなければ地方交付税の配分が少なくなるということで現在の県境が確定したのである。恣意的に引かれる線には，こうした権力争いの痕跡を見て取ることができるのだ。

十和田湖の県境（十和田市, 2009）

イギリスとアルゼンチンが領有権を争ったフォークランド紛争などがよく知られている。最近では，日本と韓国の竹島や，日本と中国の尖閣諸島をめぐる問題がメディアをにぎわしている。こうした国境問題で振り回されるのは，その地に住む人やその地を生活圏としている人たちであり，紛争が激化して戦火にまみれることにでもなると，その影響は計り知れない。

❖同心円の非論理性

　多様な意味をもつ場所から，ある目的を達成するために必要なものだけが残され，それ以外の余分なものが削り取られ，「空間」へと変換されたものが地図だとするならば，複雑な現実を何らかの目的のために単純なものへと置き換える「モデル」と，それは考え方において重なり合う。モデルの作成とは，本来複雑な事象を単純化する作業なのである。たとえば図5-2にあるコミュニケーションのモデルは単純すぎるとして批判されてきたが，どういったモデルをつくろうとも複雑なコミュニケーションという現象を空間上に写し取ることはできない。モデルというのはそういうものなのであり，単純化することによって何かがより見えやすくなり，それによって何らかの目的を達成することができるのだ。シャノン＝ウィーバーのモデル（図5-2）であれば，電話における〈ノイズ＝雑音〉をいかに軽減するのかを考えるうえでは有用であっただろうし（シャノ

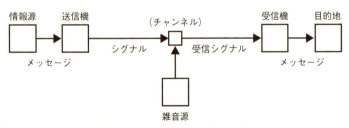

図5-2　シャノン＝ウィーバーのモデル

ン・ウィーヴァー, 2009)，カーナビゲーションは目的地への道順を示すというサービスを提供することによって，最短の方法で私たちをそこへと導いてくれる。

　しかし，モデルはあくまでも理論上のものであって，何が起こるのかを正確に予測することはできない。そこには必ず誤差が生じるし，予想外のこともあるだろう。したがって，そうしたモデルに基づいた予測を立て，計画をつくる場合，現実とはかい離したものになってしまうことはいわば当然のことでもあるのだ。

　そうしたモデルの限界が明らかになったのが，たとえば東日本大震災後にたびたび目にすることになった福島第一原子力発電所を中心とした同心円状に広がる線に基づく避難指示区域であった。ところが図5-3の地図からもわかるように，放射性物質は同心円などとは無関係に広がっていった。2012年4月からは，年間積算線量をもとに線が引き直されたが，それでも根本的な解決にはなっていない。

地理的条件やそのときの風向きなどによって放射性物質が拡散する方向や距離が変わることが，その後の調査結果からわかっているにもかかわらず，政府は恣意的な線を引こうとする。たとえば道一本隔てただけの向かい合わせの家が異なる大気を吸っているとでもいうかのように，内と外に分かつ線がその道路上に引かれるのである。そうした線に振り回されるのは，結局そこに住んでいる人たちなのである（コラム2参照）。

図5-3　地表面へのセシウム134, 137の沈着量の合計（文部科学省, 2011）

●コラム 2　原発から 45 キロ圏の住民

　福島県二本松市は，福島第一原子力発電所から西へ約 45 キロの地点にある。同じ被災地であるにもかかわらず，原発周辺の住民が原発事故直後に多数避難してきたところであった。そこから熊本へ避難してきた女性は，そのときの様子を次のように語る[1]。

　ガソリンや食料はよそからやってきた被災者に優先的に渡されるという日常が続き，次第に物がなくなっていくなかで，地元の人の心がすさんでいった。そして，必要な医療支援を受けられなかった義母は，しばらくして亡くなった。同じ被災者なのに，なぜ自分たちだけがこうした理不尽な目に合わなければならないのかが納得できなかったという。

　30 キロ圏内とそれ以外の市町村という，震災後の新しい線を引こうとする行為が，同じような結果をこれからももたらすのかもしれないのだ。今後の原発事故に備えた避難計画の策定に，こうした「教訓」が生かされるのだろうか。

1) 2014 年 6 月 23 日に「原発避難計画の検証」と題して水俣市もやい館で行われたイベントでの講演より。

4　近代的空間のほころび

　水俣病被害の激甚地のひとつである熊本県葦北郡芦北町女島に住む緒方正人の家は，地図上に記載のない土地の上に建っている。彼に言わせると，そこはゼロ番地なのだそうだ。同様に，天草やそのほかの地域からかつて移り住んだ漁師たちが，海岸線沿いの海を勝

図 5-4　百間排水口（左）とお地蔵さん（右）（著者撮影）

手に埋め立て，その上に家を建てたところがそのあたりには多いのだという。それは，日本にあるすべての土地に住所表示があるものだと思い込んでいた私たちを驚かせる。

水俣病の原因企業であるチッソが水銀を垂れ流した場所である百間排水口を見張っているかのようにたたずむ小さな石地蔵も，近代的な「所有」の概念を無効化する。その土地の実際の所有者は埋め立てを行った熊本県なのだが，チッソと直接交渉を行い，水俣病患者救済への道を開いたグループのリーダーであった川本輝夫が勝手に石地蔵をそこに据えたのだった。彼のそうした行為に対して文句をいう人は誰もいなかった。それどころか，今でもそこには人知れず花が供えられ，途絶えることはない。

番地をつけたいという役人の申し出を一蹴してここはゼロ番地だと言う緒方や，石地蔵が据えられた場所を「一番札所」と名付ける川本がつくり出す空間は，行政や社会システムなど意に介さない。扉に登場した書店の本棚も，ジャンル分けというシステムにくみしない。私たちに本を探す楽しみを与えてくれる，自由な空間なのだ。

今，私たちに求められているのは，当たり前のようになされている区分けや線引きに対して，なぜそうなったのかを立ち止まって考えることなのではないだろうか。そして注意深くそうした区分けや線引きがなされた経緯を見ていくと，その非合理性やほころびが見えてくるはずだ。

●ディスカッションのために
1 近代化と地図の作成との関係を整理してみよう。
2 カーナビやスマートフォンなどを使って目的地に行く場合と，使わないで行く場合を比較してみよう。どういった違いが見えてくるだろうか。
3 当たり前のようになされている区分けや線引きの具体例を考えてみよう。そこから何が見えてくるだろうか。

【引用・参考文献】

浅井建爾（2013）.『知らなかった！「県境」「境界線」92の不思議』実業之日本社

池田理知子（2013）.「メディアとしてのミュージアム―公害資料館へのまなざし」池田理知子［編］『メディア・リテラシーの現在―公害／環境問題から読み解く』ナカニシヤ出版，pp.195-212.

伊藤寿朗（1993）.『市民のなかの博物館』吉川弘文館

シャノン, C. E.・ウィーヴァー, W.／植松友彦［訳］（2009）.『通信の数学的理論』筑摩書房（Shanon, C. E., & Weaver, W. (1949). *The mathematical theory of communication*. Urbana, IL: The University of Illinois Press.）

十和田市（2009）. 十和田湖の市町境界（県境）が確定しました（P3）広報とわだ 第76号〈http://www.city.towada.lg.jp/docs/2012062500280/files/03.pdf（最終確認日：2015年10月23日）〉

ピラー, I.／高橋君江・渡辺幸倫ほか［訳］（2014）.『異文化コミュニケーションを問いなおす―ディスコース分析・社会言語学的視点からの考察』創元社（Piller, I. (2011). *Intercultural communication: A critical introduction*. Scotland: Edinburgh University Press.）

フーコー, M.／渡辺一民・佐々木明［訳］（1974）.『言葉と物―人文科学の考古学』新潮社（Foucault, M. (1966). *Les mots et les choses: une archéologie des sciences humaines*. Paris: Gallimard.）

メイロウィッツ, J.／安川一ほか［訳］（2003）.『場所感の喪失 上―電子メディアが社会的行動に及ぼす影響』新曜社（Meyrowitz, J. (1985). *No sense of place: The impact of electronic media on social behavior*. London, UK: Oxford University Press.）

文部科学省（2011）.「文部科学省及び栃木県による航空機モニタリングの測定結果について」p.8.〈http://radioactivity.nsr.go.jp/ja/contents/5000/4930/24/1305819_0727.pdf（最終確認日：2015年11月17日）〉

山脇千賀子（2008）.「新大陸の「発見」と「征服」―グローバル化と植民地主義のはじまり」奥田孝晴・藤巻光浩・山脇千賀子［編］『新編 グローバリゼーション・スタディーズ―国際学の視座』創成社，pp.3-17.

若林幹夫（2009）.『地図の想像力 増補版』河出書房新社

第6章

文化
歴史や伝統に潜む政治性

ある精肉店のはなし（やしほ映画社・ポレポレタイムス社, 2013）

　スーパーで売られているパック詰めの牛肉。牛がその状態になるまでに，どういう人たちがどのようにかかわっているのかを知る人は少ない。纐纈(はなぶさ)あや監督のドキュメンタリー映画『ある精肉店のはなし』には，そのプロセスが描かれている。映画に登場する北出家は，自分たちの手で牛を育て屠畜し，自分たちの店で売っていた。しかし，その屠畜を行っていた屠場が 2012 年に閉鎖され，牛の飼育をやめることになった。効率化の波にのまれ，小規模な屠場は次々と閉鎖されていく。そして，その屠場の歴史をひも解くと差別の問題にまでいきつく。

　私たちが毎日口にする食べ物は，このようにいろいろなことを私たちに教えてくれる。ただ，それに気づかないだけなのだ。

1 食べ物というメディア

「長寿の島沖縄の秘密は昆布を使った伝統料理」。旅のガイドブックや，沖縄料理を紹介する記事，健康増進を図るための医療関係のホームページなどで，こうした表現をよく目にする。

ここでまず気になるのが，「長寿の島沖縄」というフレーズである。2013年3月5日のNHK番組「クローズアップ現代」で，沖縄の都道府県別の平均寿命が女性は3位，男性は30位に後退したと報じられたこと[1]に象徴されるように，今の沖縄は長寿の島ではない。さまざまなデータをひも解くと，沖縄が長寿の島だというのが幻想であることがわかる（奥野, 2009）。戦後，米国の統治下にあり，欧米化した食事が早い段階で普及したことを考えると納得がいく。沖縄で戦後生まれ育った人の多くが，フライパンで焼いたポークランチョンミートに卵焼きが添えられたポーク卵（図6-1）という料理を好んで食べることからも，食の欧米化がいち早く進んだことは間違いないだろう。統計上の長寿をこれまで支えていたのは，戦前生まれの高齢者だったのである。

次に気になるのが，「昆布を使った伝統料理」である。確かに，昆布を使った炒め煮であるクーブイリチーといった沖縄料理店に行けば必ずおいてある一品からもわかるように，昆布が沖縄を代表する食材であることには違いないのだが，そもそも沖縄で昆布は採

図6-1　ポーク卵（田仲康博氏撮影）

---

1) http://www.nhk.or.jp/gendai/kiroku/detail02_3320_all.html（最終アクセス日：2014年8月12日）

れない。なぜその昆布を使った料理が「伝統料理」となったのだろうか。いつごろ，どういう経緯で昆布が沖縄にもたらされたのかとか，「伝統」とは何を意味するのかといった疑問が，次々とわいてくる。さらに，後述するように「伝統」と「文化」が結びつくと何が語られるのかも気になる。この章では，「文化」とは何なのかを考えてみる。

2 文化の定義

❖定義の困難さ

文化を定義するのは非常に難しい。そのひとつの要因として考えられるのが，誰がどこに立脚して論じるのかで，文化の定義が変わってくるからである。「文化は，特定の歴史的・社会的条件のなかで生み出され，私たちの生活体験に深く根ざしているだけに，1つの普遍的な定義を決めることはできないし，意味の固定化は，文化を不当に均質化して」しまいかねない (師岡, 2011：88)。したがって，文化とは何かについての議論を重ねることで，その論争に私たち自身が参加することが必要なのではないだろうか (板場, 2010)。そういった議論のプロセスのなかから，考えなければならない重要な課題が見えてくるはずだ。

文化をめぐるこれまでの論争のいくつかを検討する前に，辞書的な意味をまず押さえておこう。広辞苑 (第6版) で「文化」をひくと，次のような語義が書かれてある。

> 1 文徳で民を教化すること。
> 2 世の中が開けて生活が便利になること。文明開化。
> 3 (culture) 人間が自然に手を加えて形成してきた物心両面の成果。(後略)

1と2の語義から見えてくるのが、明治以前と以降の「文化」の捉え方の違いである。明治以前でも「文化」という言葉はあったが、その意味するところは文治教化、すなわち刑罰威力を用いないで人民を教化することであった。江戸時代の元号である「文化」や「文政」などはここからきたものである。ところが明治になって西洋文明の影響を受けると、それが「文明開化」の略として使われるようになっていった。知的とか、モダンといった意味合いが強くなったのである（丸山, 1984）。

3の語義は、文化が自然に対立するものであることを示している。文化とは人為的につくり出されるものであり、後天的に学ぶものでもある。しかしここで注意しなければならないのが、自然なものではないにもかかわらず、それがあたかも自然であるかのように思えてしまう場合があるということだ。たとえば、女性文化／男性文化における女性と男性の違いを自然なものとして受けとめてしまう人が多いようだが、それは多分に社会・文化的につくり出されたものである。

こうした辞書的な意味を踏まえたうえで、次に文化の定義をめぐる代表的な論争を見ていく。

❖ タイラーの定義と文化相対主義

まず古典的な定義として位置づけられているのが、エドワード・タイラーが『原始的文化』（Tylor, 1871）のなかで行ったものである。そこでは、文化とは「知識・信仰・芸術・法律・道徳・慣習その他、人間が社会の一員として獲得した能力と習性を含む複合の全体」（佐々木, 1994：13より引用）となっている。この定義の重要な点は、文化という概念を特定の領域に限定せずに、総体的なものであり、かつ共同体の成員全体で共有されるものとしたことであり、文化を社会において学習するものと明示した点である。

タイラーのこの定義はある特定の時代や集団における生活様式を広く捉える概念であり、これまでさまざまなところで使われてきた。しかし、この定義が示す文化は静的なものであり、ある時代の特定の集団の文化であってもいろいろな要因によって変わっていくという動的な側面や、どういった力によってそうした変化が生じるのかといった姿が見えてこない。むしろ、文化を伝統的なもので相対的に安定したものとして捉えているかのような印象を与える。

また、タイラーの文化の捉え方は社会進化論に基づいているといわれている。チャールズ・ダーウィンの生物進化論の影響を受けた社会進化論は、社会とは進歩・発展するものであり、それは競争原理に基づいてなされると考える。そしてその考え方を応用して、文化も低次から高次へと系列的な進化を遂げるとみなすのが文化進化論であり、タイラーもこうした理論を展開した。たとえばアニミズムから多神教、そして一神教、あるいは野蛮から未開、そして文明へといったように、段階的に進化していくものとして文化を捉えるタイラーは、こうした立場でアニミズムに宗教の起源があるとしたのである。

また、文化進化論においては、その進化の度合いは地域や集団によって異なるものとみなす。したがってこの考え方に立脚するとすれば、キリスト教に基づく西洋文化がもっとも進んだものであり、最終的に目指すべきものということになり、結局、文化に優劣をつけることへとつながってしまう。

こうした社会進化論に基づく文化進化論に対する批判[2]のひとつとして出てきたのが、文化相対主義である。そこでは、すべての文化は固有の価値をもつ対等な存在であるとみなされる。したがっ

---

2) そのほかの批判に、アルフレッド・ラドクリフ＝ブラウンの社会進化論は推測的歴史であって、確固とした証拠がないとするものもある（桑山, 2006）。

てこの考え方は，自らの文化を唯一・最高のものと捉える自民族中心主義（エスノセントリズム）に反省を促し，ほかの文化を尊重することの重要性に気づかせてくれた。その一方で，文化相対主義の基本であるすべての文化的価値を認めるといった考えを突き詰めていくと，割礼といった女性の人権を侵害するような慣習も認めなければならなくなり，議論の余地が生じてしまう（内海, 2003；富永, 2004）。また，すべての文化が対等であるという主張がどういった意図で，誰によって発せられたのかを吟味する必要もでてくる（太田, 2005）。一見するとお互いの文化を尊重しているかのように見えるのだが，そこには隠れた力関係が潜んでいる可能性があり，文化の政治性を抜きにして語ることはできないということになる。

3 文化と権力

こうした文化と権力の問題，つまり文化の政治性を明確な形で提示したのが，エドワード・サイードである。サイードは主著『オリエンタリズム』（1993）のなかで，文化という言葉が一見すると政治的に中立であるかのような使われ方をされてきたが，実は文化を語ること自体が政治的行為にほかならないのだと指摘している。つまり，文化を語るそれぞれの立場がすでに政治的なのであり，その立場を無視して文化を語る／理解しようとすることなどできないと言っているのである。

サイードは，西洋社会の研究の対象として非西洋社会である「オリエント（東洋）」が表象されることの暴力性を前述の著書のなかで明らかにする。研究され，描写される側の「オリエント」は，いわば西洋の植民地主義，あるいは新植民地主義によって支配される人びとであり，こうした「オリエントを支配し再構成し威圧するための西洋の様式（スタイル）」を「オリエンタリズム」と彼は呼ぶのである（サ

イード, 1993：21)。

サイードのこうした議論は，中立的な立場を装ってほかの文化をこれまで分析してきた文化人類学や異文化コミュニケーション分野などの研究者に対する痛烈な批判を内包している。自らの立ち位置を明らかにすることなく文化研究に従事することの欺瞞性を指摘しているのである。

図6-2　サイード[3]のポスター

文化とは無色透明なものではなく，文化のどの側面がどのように語られるかによって，それを語る者の政治的立場が明らかになる。たとえば，冒頭で紹介した沖縄の代表的な料理とされているクーブイリチーの昆布がその地にもたらされた経緯を語るとしよう。ある者は北海道と沖縄の物流が盛んになり人々の交流が進んだ結果であると語り，別の者は沖縄のおかれた地政学的な要因にまで踏み込んで，沖縄では元来必要とされなかった食材が押しつけられた可能性にまで言及する。両者を比べると，その立脚点がまったく異なることが読み取れるのではないだろうか。

❹　食と文化

❖「伝統」と文化

世界的に有名になった太鼓芸能集団である鼓童[4]などの活躍で，

---

[3] Professor Edward Said: Scholar, Activist, Palestinian 1935–2003 Palestine. Picture taken by Justin McIntosh, August 2004.（CC BY 2.0）〈https://commons.wikimedia.org/wiki/File:Poster_of_Edward_Said.jpg（最終アクセス日：2015年10月23日）〉
[4] 佐渡にある「鼓童村」を拠点に活動するアーティスト集団。

太鼓の前には「和」という文字が付されることが多い。筆者の本務校でも「和」の部分に引かれるのか,和太鼓部に入ってくる外国からの留学生は少なくない。この「和」と「伝統」の結びつきにも注意を要する。

たとえば,2013 年 12 月に「和食」が無形文化遺産に登録されることになったが,「和」と「伝統」の結びつきがここでも見られる。ユネスコ(国連教育科学文化機関)の政府間委員会では,「「和食」の食文化が自然を尊重する日本人の心を表現したものであり,伝統的な社会慣習として世代を越えて受け継がれている」との評価[5]を与えている。しかし,ここでいわれている「和食」とはそもそも何なのだろうか。伝統的な日本の食文化が「和食」だとそこではいわれているが,その具体的な中身はどうなっているのだろうか。日本政府が無形文化遺産に登録申請した際にユネスコに提出した「和食:日本人の伝統的な食文化」に載せられている和食の特徴をのぞくと,その一端が見えてくる。

そこには,以下の 4 点が「和食」の特徴としてあげられている。

> 1　多様で新鮮な食材とその持ち味の尊重
> 2　栄養バランスに優れた健康的な食生活
> 3　自然の美しさや季節の移ろいの表現
> 4　年中行事との密接な関わり

1 で説明されていることをまとめると,「日本の国土は南北に長く,海,山,里と表情豊かな自然が広がっているため,各地で地域に根差した多様な食材が用いられている」ということになる。しか

---

[5] http://www.nippon.com/ja/genre/culture/l00052/ (最終アクセス日:2014 年 8 月 19 日)。本文での和食の世界遺産登録に関する以下の引用も一般財団法人「ニッポンドットコム」のホームページからのもの。

し,食糧自給率は 39%(カロリーベース)[6]しかなく,多くの食材を輸入に頼っている実情を考えると,現実とのギャップに戸惑ってしまう。

 2では,「一汁三菜(1種類の汁物と3種類の菜からなる日本料理の基本的な膳立て)を基本とする日本の食事スタイルは理想的な栄養バランス」だとしているが,こうした食事をとっている人たちが今どのくらいいるというのだろうか。多くの人が朝食にパンを食べたり,サラリーマンの大多数が昼食を外食に依存したりといったことからも,日常とはかけ離れた記述といわざるをえない。

 3と4に関しても,いつでも手に入る食材を使った季節感のない食事や,正月におせち(コラム1参照)をつくらなくなったり,お盆に肉や魚を食べるようになったりといったことを考えると,現実離れした表現に思えてしまう。和食の文化とは博物館に展示されるようなもので,私たちの食卓から消え去ったもののことを指しているのだろうか。

 「日本人自身が日本食文化を次世代に向けて守り伝えていく動きにつなげたい」というコメントが上記で引用した「ニッポンドットコム」のホームページに載せられていることからもわかるように,「和食」と日常の食事とのかい離に関しては誰もが認めるところである。だからこそ何とかしたいという思いがそこから伝わってくるのだが,それ以前に食料自給率を上げるとか,大規模農業ではなく各地方に伝わる多様な食材の栽培を奨励するなどクリアしなければならない課題は多いだろう。

---

6) http://www.maff.go.jp/j/zyukyu/zikyu_ritu/012.html(最終アクセス日:2014 年 8 月 19 日)

> ● コラム1　食のグローバル化
>
> 　正月といえば，おせち料理といわれている。しかし，そのおせちを手づくりする人は年々減っている。その代わりに出来合いのものを買う人が増えているようだ。そして，その中身をのぞくと，食のグローバル化が見えてくる。国内産の数の子やエビはいまや貴重品で，おせちに使われているものの大半は輸入物だし，「大豆類の国内自給率は3％，栗は7％，シイタケは30％台，加工向けニンジンが40％。比較的高い，ごぼう，こんにゃく，そしてカマボコの原料となるタラも60～70％程度」[1]といった自給率から考えると，国内産の材料はほんのわずかしか含まれていないことになる。関西より北ではめ（芽）でたいとしておせちの中に登場するくわいも中国産が多い。地域ごとの特色が現れているはずのおせちの材料でさえも輸入物ということになる。「和食」の極みであり，日本を代表する食文化のひとつとして扱われることの多いおせちが，食のグローバル化を色濃く反映しているという皮肉がここでもうかがえる。
>
> 1) http://r25.yahoo.co.jp/fushigi/rxr_detail/?id=20080104-90002992-r25
> （最終アクセス日：2014年8月21日）

❖食卓から見えるもの

　全国農業協同組合中央会（JA全中）が2014年に20代から60代の男女それぞれ500人（合計1000人）を対象に行った朝食に関する調査によると，ご飯をよく食べると答えた割合が20代では半分を超え，パンを大きく上回ったそうだ。全体ではパンが約半数を占め，ご飯の約4割よりも多い（共同通信，2014）。JA全中が行った調査であり，ご飯の普及を促したいという意図がそれとなく感じられる調査ではあるが，それにしても少々気になる結果ではある。それは，学校給食にご飯が登場し，その頻度が増えたことと関係しているのではないかと思わせるものがあるからだ。

　戦後の学校給食は，米国の余剰農産物の受け皿として機能していたため[7]，パンとミルクを中心とした献立であった。しかし，余剰米対策として1976年に米飯の導入が月1回から始まり，その後，月2回，週1回，週2回と増えていき，いまでは週3回以上ご飯が

出されているところが多い[8]。今回のアンケートに答えた20代は，給食に米飯が当たり前のように出されていた世代であり，そのことと朝食の嗜好は無関係だといえないのではないだろうか。

　毎日の食事は私たちが何を食べたいのかによって決まると思われている。つまり，私たちに選択の自由があると思っている人が多いかもしれないが，その時々の政治・経済状況が色濃く反映されている学校給食のことを考えると，そうとも言い切れない。毎日のように流される食べ物のCMやスーパーの棚に並べられたパッケージといった企業の戦略なども影響しているのかもしれない。いわば，知らない間に食の好みや傾向，ひいては食文化がつくられてしまっているのであり，そのことに私たちが気づいていないだけなのだ。だからこそ，文化の政治性の問題をより真剣に考えてみる必要があるのではないだろうか。

5　文化を読み解く

　文化の政治性を問題とすることなしに文化を語ることが欺瞞的行為であるとするならば，食卓に欠かせない食材となった肉と私たち

---

7) 1956年2月10日に調印された「米国余剰農産物に関する日米協定等」により，学校給食用として小麦粉とミルクの贈与が決定される（野口，2010）。野口潤子によれば，文部科学省が編纂した『学校給食の現状とその課題』には，パン食を採用した理由のひとつとして，「日本人の食生活の欠陥が米の過食ということであるから，米以外の主食を用いた方が，容易に食生活の実をあげうること」（文部省，2002：73）があがっている。
8) 2009年，米飯学校給食の新たな目標として給食「週3回以上」（週3回以上の地域や学校については，週4回などの目標設定を促す）を文部科学省が通知。2012年度の米飯学校給食実施回数は，3.3回となっている。〈http://www8.cao.go.jp/syokuiku/data/whitepaper/2014/book/html/sh02_03_03.html（最終アクセス日：2015年10月30日）〉

の関係,つまり私たちの食文化をひも解くには,それをさばく場である屠場の歴史抜きにはなしえないだろう。扉で紹介したドキュメンタリー映画『ある精肉店のはなし』のテーマのひとつが,牛をさばいて肉にするという行為と被差別部落の歴史であった。この映画はそういった私たちが見過ごしてきたことを教えてくれる。

たとえば,東京都内で売られている肉の多くを加工している「東京都中央卸売市場食肉市場・芝浦と場」のホームページを開くと,差別や偏見をなくすための啓蒙活動に多くの頁が割かれていることがわかる[9]。それだけの啓発が必要とされるほど,いまだに差別や偏見が根強いということである。また,その屠場は品川駅前の近代的なビルの中にあり,一見するとそこがどういう場所かわからないにもかかわらず,その付近の高層マンションの住人から移転要求が出されているらしい。「肉を作っているのはわかるけど,すぐ隣で動物が殺されているのは嫌」といった苦情が寄せられているとのことだが(内澤,2007:187),移転要求と,屠殺行為に対する差別の歴史が無関係だとは言い切れない。

日本の伝統芸能とされる歌舞伎や能の舞台や,お祭りのときに使われる太鼓も差別の歴史と深く結びついている。扉に登場した北出家では,屠場がなくなり牛が飼えなくなったため,不要となった牛小屋を改装して太鼓づくりを本格的に始めることになった。太鼓は,木をくりぬいてつくった胴になめした牛の皮を張ってつくられる。牛の皮のなめしを主に行っていたのが被差別部落であり,太鼓の多くがもともとはそこでつくられていたのだ。歌舞伎や能,夏祭りと

---

9) http://www.shijou.metro.tokyo.jp/syokuniku/rekisi_keihatu.html (最終アクセス日:2014年8月19日)
10) たとえば,大阪人権博物館が行っているフィールドワークの案内が参考になる。〈http://www.liberty.or.jp/fieldwork/ (最終アクセス日:2014年8月19日)〉

いった日本の伝統文化が語られるときに，太鼓と差別の歴史[10] にまで言及されることはめったにない。文化を語る，あるいは文化が語られる際に，何が抜け落ちているのかを考えていく必要があるのではないだろうか

> ● コラム2 西洋からのまなざし
> 「和食」の対になる言葉は，「洋食」である。したがって，何が「和」であるかは西洋からのまなざしを通して初めて明らかになるのだが，日本における食文化のカテゴリーも，そうしたまなざしを反映している。
> たとえば料理のレシピ本をネットの本屋でのぞくと，和食，中華，フレンチ，イタリアン，そのほかの西洋料理，エスニック・アジアンといったジャンル分けがなされている。レストランの検索であれば，エスニックにはブラジルやトルコといったアジア以外の店も含まれる。共通の言語や文化をもつ特定の集団が〈ethnic＝民族〉であるはずなのに，日本でエスニックといえば「特に，アジア，アフリカ，中南米などの民族文化に由来するさま」（広辞苑第6版）ということになるらしい。
> お菓子づくりでもそうである。「趣味はお菓子づくり」といわれて思い描くのは，おそらくケーキやクッキーであって，おはぎや団子をつくる姿が真っ先に浮かんでくる人はほとんどいないだろう。このように，日本の食文化は西洋からのまなざしを通して規定される部分が大きいのである。

> ● ディスカッションのために
> 1 文化相対主義の利点と欠点を整理してみよう。
> 2 「伝統」の意味について考えてみよう。また，「伝統文化」とは何を指しているのだろうか。
> 3 世界文化遺産に登録されることの意味について考えてみよう。
> 4 文化の政治性の問題を身近なところから考えてみよう。どういったことが見えてくるだろうか。

【引用・参考文献】

板場良久（2010）.「文化を定義することの困難さ」池田理知子［編］『よくわかる異文化コミュニケーション』ミネルヴァ書房, pp.12-13.

内澤旬子（2007）.『世界屠畜紀行』解放出版社

内海夏子（2003）.『ドキュメント女子割礼』集英社

太田好信（2005）.「媒介としての文化―ボアズと文化相対主義」太田好信・浜元 満［編］『メイキング文化人類学』世界思想社, pp.39-65.

奥野修司（2009）.『沖縄幻想』洋泉社

共同通信（2014）.「20代の朝食はパンよりご飯」（2014/08/16 17:02 配信記事）〈http://www.47news.jp/CN/201408/CN2014081601001397.html（最終確認日：2015年10月23日）〉

桑山敬己（2006）.「ヨーロッパの人類学：2 イギリス」綾部恒雄・桑山敬己［編］『よくわかる文化人類学』ミネルヴァ書房, pp.12-13.

サイード, E.／今沢紀子［訳］（1993）.『オリエンタリズム（上・下）』平凡社（Said, E. (1978). *Orientalism*. New York: Pantheon.）

佐々木宏幹（1994）.「エドワード・タイラー「原始文化」」綾部恒雄［編］『文化人類学の名著50』平凡社, pp.12-20.

富永智津子（2004）.「「女子割礼」をめぐる研究動向」『地域研究』**6**(1), 169-197.

野口潤子（2010）.「現代日本における食の環境と食卓の変化―子どもと家族に焦点を当てて」『佛教大学大学院紀要社会学研究科篇』**38**, 37-54.

丸山圭三郎（1984）.『文化のフェティシズム』勁草書房

師岡淳也（2011）.「文化の諸相（多面性）とコミュニケーション」板場良久・池田理知子［編］『よくわかるコミュニケーション学』ミネルヴァ書房, pp.88-89.

文部省［編］（2002）.『学校給食の現状とその課題』日本図書センター

Tylor, E. B. (1871). *Primitive culture: Reserches into the development of methodology, philosophy, religion, art and custom*. London: John Murray.

第7章

アイデンティティ
他者のまなざしに揺れる「自己」

本日は、「彼女の痕跡展」においでいただきありがとうございます。この展示は、文字どおり、かつて僕の隣にいた「彼女」との暮らしの「痕跡」を展示するものです。さて、人の存在というものを、すべての「関係性」のみにて表出することは可能なのでしょうか？ つまりは、「彼女」という主体を表現することなく、彼女の選び取った選択だけを無数に積み上げていくことによって、その輪郭が具象化するか？ という問いかけです。(三崎, 2011：36)

北米大陸横断の記憶
(「作品2」花城郁子作)

　これは、三崎亜記の短編小説『彼女の痕跡展』のなかに出てくる、展示の主催者らしい人物の挨拶の一部である。かつての「彼女」が身に着けていた洋服や、ディスク、文庫本、日用品といった身のまわりにあった物が展示されており、そうした物からその人物を描き出そうとする実験的な展示が行われている。身のまわりの物は、語る／語られる言葉よりも雄弁に私たちのことを物語っているのかもしれない。

1 服というメディア

　デザイナーである山本耀司の創作活動を追ったドキュメンタリー『都市とモードのビデオノート』のなかで，古い服にジェラシーを感じると山本は告白する。その服にはその人らしさがにじみ出ており，その人自身の歴史や生活が感じられるからであり，自分がつくる服のデザインのなかにそうした「時間」を組み込むことができたらどんなに幸せかと彼は語る[1]。たとえば壁に掛けられたコートを見て，「ああ，あれは（たとえば）ジョンのだね」と皆が認識するような，そんな服をつくりたいのである。

　私たちが身に着ける服は，私たち自身のことを他者に伝えてくれるメディアである。その服を通して，私たちがどういった世界とつながっているのかが見えてくる。あくまでも「仕立て屋」でありたい，つまり一人ひとりに合った服をつくりたいと願う山本は，その人がどういう人物なのかを他者に伝える役割を服が果たしていること，その服がその人物のアイデンティティをも形成していることを知っている。だからこそ，着る人の人生の一部として生きる服づくりを目指していると言っているのである。

図7-1 『**都市とモードのビデオノート**』（ロード・ムーヴィーズ：販売元＝東北新社）

　モードをつくり出す都市であるパリと東京でデザイナーとして働く山本のこの

---

1) 監督のヴィム・ヴェンダースは，山本のシャツと上着を初めて着たときの感想を「新しいのに長年着ている服のようだった」と作品中で述べている。「時間の澱がたっぷりしみ込んだ服の心地よさ」（鷲田, 1998：52）がここには表現されており，山本の試みは成功しているといえる。

主張は，私たちを困惑させる。それは，彼が〈ファッション＝流行〉をつくり出す場に身を置きながら，流行に流される服づくりに甘んじたくないと言っているからである。彼のこうした一見すると矛盾した言動から想起させられるのが，「ファッション」と「お洒落」の違いである。山本が本当につくりたいのは，「お洒落」な服なのではないだろうか。

「お洒落」とは，「さっぱりしているさま」や「あらう」という意味を表す「洒」と，「落（とす）」が組み合わさったものに接頭語の「お」が付いた言葉である。つまりもともとの「お洒落」という言葉には，「洗い，落とす」という意味合いがあったはずだ。したがって「お洒落」な服とは，自分をさらけ出せるものとか，その人らしさが現れるといったようなものではないだろうか。世の中の流れに合わせてその時々で変わっていく，あるいは何らかの一様な流れをつくり出そうとする「ファッション」とは異なるものである。

にもかかわらず，最近では，両者が混同して使われているように思われる。「ファッション」を前提とした服は，取替え可能であり，飽きられれば簡単に捨てられる一方で，「お洒落」な服は，その人にとって愛着があってなかなか手放せないものといった含意があるはずだ。巷で使われている「お洒落」はせいぜいひらがなの「おしゃれ」なのではないだろうか。

「お洒落」という言葉は，『都市とモードのビデオノート』でも暗示されているように，アイデンティティという概念と深く結びついている。それは，アイデンティティとは他者の存在抜きには語れないことと関連するからであるが，そのことについては後述するとして，まず，「自分探し」という言説とアイデンティティの問題について考えてみたい。

2　「自分探し」の言説

「自分探し」とか「自分探しの旅」といった表現をよく耳にする。旅に出たり，本を読んだり，いろいろな人と出会ったりといったさまざまな試みをすることによって本来の自分がみつかるはずであり，それによって揺るぎない自分を確立できるはずだといった意図が，そこからは読み取れる。しかし，しかるべき手段を用いて探せば，そのような自分に出会えるものなのだろうか。ここで前提となっている「本当の自分」とか，「あるべき姿の自分」といったものがはたして存在するのかどうかが，アイデンティティをめぐる問いのひとつであった。

「自分探し」と青年期の心理が結びつけられて論じられることがよくある。その論拠となっているのが，発達心理学者のエリック・エリクソンのアイデンティティ概念である。「アイデンティティ」という概念を最初に使ったのがエリクソンだとされており，1959年に出した『アイデンティティとライフサイクル』のなかで，彼はその概念を明らかにしている（上野, 2005b：3-4）。したがって，概念自体はそれほど古いものではなく，比較的新しいものなのだが，あまりにもこの言葉が人口に膾炙しすぎたため，昔からあるかのように思われているのである。

自我同一性と訳されることの多いエリクソンのアイデンティティ概念が含意するものを上野千鶴子は次の3つにまとめている。1) アイデンティティは変容するものであり，2) この変容は「成長」の名において捉えられるものであって，3) 同一性という用語から連想される本質主義的な意味合いよりも，構築性を前提としたアイデンティティ概念である（上野, 2005b：8-9）。したがって，エリクソンが必ずしも「本当の自分」といったものを前提にしていたわけではないのだが，「人の一生をつうじてのアイデンティティの変容

を「発達」や「成長」と捉えるようなエリクソンの規範意識，そしてその過程で，アイデンティティは統合されなければならない，とする「統合仮説」が，その後のアイデンティティ概念に大きな影響を及ぼしたのだった（上野，2005b：9）。たとえば「単一で安定したアイデンティティの獲得」が精神医学の臨床現場での「治癒目標」となっていることなどに端的に表れていたり（上野，2005a：300），ネットに掲載されている心理学用語集でも，「「これこそが自分自身である」といった実感を示す言葉」[2]といった説明がなされている。

　エリクソンは人間の発達段階論，つまり「人は生まれてから死ぬまで，生涯にわたって発達する」という考えに基づき，人の一生を8つの段階に分けたが，そのなかでも第5期にあたる青年期に自分が何者であるのかを確定できない「アイデンティティの危機」を迎えるとしている。将来に対する不安や自信を喪失した不安定な状態であり，自分はいったい誰なのかを模索するのがこの時期ということになる。ここに，青年期の心理と「自分探し」とが結びつけられて語られる背景がある。

　しかしエリクソン自身は，アイデンティティとは他者との関係において社会的に構築されるものであると考えており，前述したように，「本当の自分」を前提として概念化しているわけではない。「本当の自分」だと思われるものがあったとしても，それは「自分が思う自分」と「他者が思う自分」とが単に一致した状態を指しているだけなのかもしれない。

---

2) http://psychoterm.jp/applied/clinical/a4.html（最終アクセス日：2014年8月26日）

3 アイデンティティ・独自性・他者

冒頭で引用した『都市とモードのビデオノート』のなかでは，監督であるヴェンダースがいやな響きのある言葉だとしてアイデンティティについて言及している。そしてその訳語としてかぶせられているのが，「独自性」である。

> きみは，どこに住もうと，どんな仕事をし何を話そうと，何を食べ，何を着ようと，どんなイメージを見ようと，どう生きようと，どんなきみもきみだ。独自性（アイデンティティ）──人間の，物の，場所の，独自性。身ぶるいする，いやな言葉だ，安らぎや満足の響きが隠れている"独自性"。じぶんの場，じぶんの価値を問い，じぶんが誰か，"独自性"を問う。じぶんたちのイメージをつくり，それにじぶんたちを似せる。それが"独自性"か？ つくったイメージとじぶんたちとの一致が？　（鷲田, 2005：78）

本当に「独自性（アイデンティティ）」には安らぎや満足の響きが隠れているのだろうか。「本当の自分」といった意味で使われるときにはそのとおりかもしれないが，「独自性（アイデンティティ）」とはそれほど安定したものではない。

その具体的内容が明らかになるには，他者の存在抜きにはありえない。他者との差異によって，自分自身の何かが見えてくるのである。しかもそれは，どういった他者と関係するのかによって異なってくる。「独自性（アイデンティティ）」とは唯一・不変のものではなく，複数でしかもコンテクストによってどの部分が強調されるのかが変わってくるものであり，ときにはそれらが矛盾したり，断片的にしか見えなかったりする。つまり，アイデンティティとは複合的で多元的，異種混淆的なのだ。

そして，その「独自性（アイデンティティ）」を引き出すもののひとつが，山本がつく

りたいと思っている「お洒落」な服なのである。それは，たとえば皺のひとつひとつからもその人の雰囲気が伝わってくるような服である。にもかかわらず，「流行」の服に身を包むことが「おしゃれ」で，「独自性(アイデンティティ)」をアピールしているのだと思っている人が多いのだろうが，それは単に押しつけられた「独自性(アイデンティティ)」に甘んじているだけなのではないか。第1節に出てきたジョンのコートのような「お洒落」な服は，他者に「独自性(アイデンティティ)」を伝えるメディアなのである。

4 アイデンティティの政治

　扉で引用した「彼女の痕跡展」は，彼女の人物像をその痕跡から想像させようとするものであった。しかしその痕跡は，かつての「彼女」の恋人であった主催者の記憶をもとに再構成されたものであり，来館者の想像力を引き出すには二人の関係性が鍵になるのではないか。ただし，その二人の関係性だけでは「彼女」のことを想像することはできないだろう。来館者自身のこれまでの経験や記憶がそこに重なって，初めて「彼女」という輪郭が浮かび上がるのである。

　アイデンティティとは，このようにして浮かび上がってくる輪郭そのものである。その輪郭が見えてくるためには，他者の存在が必要不可欠なのだ。たとえば「彼女」が明るい性格だったのか，それともどちらかというと暗い性格だったのかは，主催者が選び取ったものとそれを見る者のまなざしが交差するなかで明らかになっていく。背が高いとか低いといった言い方が他者との比較によってのみ意味をなすのと同様に，その人自身がどういう人物なのかを推し量るには，他者の存在が欠かせないのである。

　アイデンティティを確認するには他者の存在が不可欠であるということは，アイデンティティとは自分で勝手に決められるものでは

ない,あるいは決められるかもしれないがそのためにはかなりの困難が伴うものだということになる。自分らしい服を着て楽しみたいと思っても,手に入るのは「流行」の服しかなければ,「押しつけられた」ものに甘んじるしかない。

　たとえば,「日本人」であることがいやになり海外へ移住した人がいるとしよう。どこに行っても,誰と会っても尋ねられるのはどこから来たのかであって,「日本」と答えたとたんに「日本人」と認識されてしまう。移住先でのほうが,かえって「日本人」であることが強調されることになってしまいかねない。つまり,自分でやめたいと望んだとしても,まわりがそのように認識している限り,「日本人」であるというアイデンティティを簡単に脱ぎ捨てることはできないのだ。

　このように,自分が何者であるのかを語る,あるいは語らされるときに,政治や経済,歴史,社会制度といったマクロレベルの構造的要因に私たちは左右されているのであるが,往々にしてそのことに無自覚なのである。前述の移住者の例に戻ると,あらゆる場面で「日本人であれ」「日本人になれ」とこれまで求められてきたのであり（コラム1参照）,それは移住先でも変わることはない。「社会的な既存のカテゴリー内に収まることが社会的存在の条件であるといわんばかりに,「何者かになれ」」と私たちは強要されてきたのであり,「特に,近代国民国家の境界線が強化されるにつれ,「いずれの国民であるか」が強く問われてきた」のである（鄭,2005：210）。

　鄭暎惠（2005）は,そうした「アイデンティティの政治」を無視してはならないという。たとえば,選挙権といった誰しもがもてるはずの権利すら与えられない「二流市民」としての在日外国人というカテゴリーをつくり出してきたことなどは,「日本人である」という線引きを強固なものとするために作用してきたはずだ。2014年8月末に法規制の動きすらでてきたほど目立ってきたヘイトスピ

●コラム1　SUMOとENKA

「日本人になれ」というメッセージは，生まれ落ちた瞬間から，あらゆるメディアを通して発せられ，「日本人」であることが次第に身体化されていく。日本語という言語や，教科書に載せられた，あるいはテレビで伝えられる富士山や4月に咲くソメイヨシノのイメージが「当たり前」の「日本」の風景になることによって「日本人」がつくられていくように，それはとりたてて意識することなく，たえず受容を強要するのだ。たとえ1月に「ヒカンザクラ」しか咲かない沖縄に生まれ育ったとしても，桜といえばソメイヨシノを想起するように，「日本人」であることが身体化されていくのである（田仲，2008）。

また，日本人にしかわからないはずだといわれてきたものや，そうした言説自体も，「日本人」としてのアイデンティティ構築に利用されてきた。ところが，そうした言説に揺さぶりをかける「よそ者」の存在が，私たち自身のモノの見方を変えていく。国技とされてきた相撲を支えているのはいまや外国人力士であり，「日本の心」とされてきた演歌の世界にもジェロが新風を巻き起こした。にもかかわらず，事あるごとに相撲や演歌を「日本」と結びつける言説が繰り返される。それは，外国人力士に厳しく求められる「品格」だったり，ジェロは「日本人以上に日本の心がわかる／わからない」といったことが取り沙汰されることである。こうした根深い「日本人」構築の力を可視化し，それに疑問の声をあげることが求められるのではないか。

海雪 special edition
（ジェロ，2008）

ーチ（差別的憎悪表現）（朝日新聞，2014）も同様の作用をしているに違いない。そのことが報道されること自体，「日本人」とそれ以外の境界を際立たせる結果となってしまっているのだ。したがって私たちに必要なのは，こうした「日本人」というアイデンティティを構築するためのさまざまなわなが，どこに，どういう形で仕掛けられているのかを明らかにしたうえで，そうした力に抗うための戦略を練ることなのではないだろうか。

「マジョリティとしての「日本人」アイデンティティを批判的に

考察し,「日本人」の意味の再構築につなげていく必要」性を説く河合優子は,そのための戦略として,たとえば「在日コリアン」が「日本人」というカテゴリーを一方的に成り立たせているものとして捉えるのではなく,相互関係によってお互いのアイデンティティが構築され,変化するものとして捉えることが重要だとする（河合, 2011：124）。さらに,「日本人」アイデンティティの複雑性や多様性を浮かび上がらせるために,「ジェンダーやセクシュアリティ,人種,階級,地域などのアイデンティティとの「交差(intersectionality)」という視点から」捉え直すことの必要性も指摘している（河合, 2011：124）。アイデンティティの政治に絡め取られないためには,アイデンティティの雑種性に立ち返り,考えてみる必要がある。

5 アイデンティティの攪乱

　ヴェンダースが「身ぶるいする,いやな言葉だ」とするアイデンティティには,前節の「アイデンティティの政治」で見てきたように,規範に従うことを強いる力が潜んでいる。その力を行使するための小道具のひとつが,たとえばIDカードである。パスポートのように国籍といった所属が記載されたIDカードは,スチュアート・ホール（2001）が言うように,「お前は何者か」,あるいは「何者かになれ」という支配側からの問いかけやいざないに答えるためにあるものかもしれない。しかし,一貫したアイデンティティを前提に,私たちを既存のカテゴリーに押し込めようとする力への抵抗が不可能でないことは,前節で確認したとおりである。

　まとめると,そうした抵抗を可能にするのは,他者との〈コミュニケーション＝関係性〉であり,それによって一貫したアイデンティティに亀裂を入れることが可能になるということだ（池田, 2010）。

アイデンティティは状況において構成されるアイデンティフィケーションであり，アイデンティティをつねに達成されていくパフォーマティブなもの，他者との関係のなかで何者かになる過程と捉える必要があり，それが既存のアイデンティティの攪乱へとつながるのである（バトラー，1999）。

> ●ディスカッションのために
> 1 自分にとっての「お洒落」な服とはどういうものか，考えてみよう。そういった服をかつて着たことがあったのだろうか。あるいは，これから着ることがあるのだろうか。
> 2 あなた自身の「自分探し」の経験を振り返ってみよう。そこには何らかの強制力が働いていなかっただろうか。はたして「自分」を探し出すことができたのだろうか。その「自分」とは何だったのだろうか。
> 3 「アイデンティティの政治」への抵抗として，どういったものが考えられるだろうか。話し合ってみよう。

【引用・参考文献】
朝日新聞（2014）.「ヘイトスピーチ，自民PT 初会合」『朝日新聞』（2014 年 8 月 29 日朝刊 4 面）
池田理知子（2010）.「「高齢者問題」からみるアイデンティティ―揺らぎから可能性へ」池田理知子・松本健太郎［編］『メディア・コミュニケーション論』ナカニシヤ出版，pp.181-196.
上野千鶴子（2005a）.「脱アイデンティティの戦略」上野千鶴子［編］『脱アイデンティティ』勁草書房，pp.289-321.
上野千鶴子（2005b）.「脱アイデンティティの理論」上野千鶴子［編］『脱アイデンティティ』勁草書房，pp.1-41.
エリクソン，E. H. ／西平　直・中島由恵［訳］（2011）.『アイデンティティとライフサイクル』誠信書房（Erikson, E. H. (1959). *Identity and the life cycle*. New York: International Universities Press.）
河合優子（2011）.「アイデンティティ」日本コミュニケーション学会［編］

『現代日本のコミュニケーション研究―日本コミュニケーション学の足跡と展望』三修社, pp.119-125.

田仲康博（2008）.「帰ってきた沖縄の子ら―言葉，風景，身体をめぐって」『日本研究のフロンティア』7-22.

鄭　暎惠（2005）.「言語化されずに身体化された記憶と，複合的アイデンティティ」上野千鶴子［編］『脱アイデンティティ』勁草書房, pp.199-240.

バトラー, J.／竹村和子［訳］（1999）.『ジェンダー・トラブル―フェミニズムとアイデンティティの攪乱』青土社（Butler, J. (1990). *Gender trouble: Feminism and the subversion of identity*. New York: Routledge.）

ホール, S.／宇波　彰［訳］（2001）.「誰がアイデンティティを必要とするのか？」ホール, S.・ポール, D. G.［編］／宇波　彰［監訳］『カルチュラル・アイデンティティの諸問題―誰がアイデンティティを必要とするのか？』大村書店, pp.7-35.（Hall, S. (1996). *Questions of cultural identity: Who needs identity?* London, UK: Sage.）

三崎亜記（2011）.『彼女の痕跡展』集英社（『鼓笛隊の襲来』のなかに収録）

鷲田清一（2005）.『ちぐはぐな身体（からだ）―ファッションって何？』筑摩書房

鷲田清一（1998）.『ひとはなぜ服を着るのか』日本放送出版協会

第Ⅱ部　コミュニケーションの諸問題

第8章　社会と身体
　　　　規格化される身体からの解放

第9章　日常のなかの差別
　　　　差別するかもしれない「私」

第10章　働くという行為
　　　　社会のなかで問い直される労働の意味

第11章　表象と「現実」
　　　　「歴史」に対抗する「記憶」の集積

第12章　環境と共生
　　　　異質性から考える共生のあり方

第13章　コミュニケーションの射程
　　　　時空を超えた他者との関係性

第Ⅱ部の「コミュニケーションの諸問題」では，私たちの日常を取り巻くさまざまな問題を取りあげ，分析することで，そうした問題と私たちがどのようにかかわっていかなければならないのかが提起される。それぞれの問題に通底する課題は，「分断」される他者との関係性の再構築である。

　第8章の「社会と身体」では，身体が計測され基準が生まれることで他者との比較や競争が始まったこと，それを支えていたのが教育現場での「体育」の実践であったことが論じられている。規格化の象徴とされているのが既製服や制服であるが，それは規律への従順さを促す役割を果たすだけにとどまらず，「抵抗」となりうることも示されている。

　第9章では，「差別と偏見をなくす」というスローガンに基づく人権教育を分析することから見えてくる「日常のなかの差別」について考察が加えられる。それに気づかせてくれるのは他者である。水俣の事例を通して，差別する可能性のある自分と向き合い，自己との対話を続けていくことの重要性がそこでは述べられている。

　第10章では，働くことをめぐるさまざまな問題について考察する。新自由主義が何をもたらすのか，労働者の疎外の具体的な姿とは何なのかがそこでは描写される。また，チッソ労働者の「恥宣言」やハンセン病療養所「菊池恵楓園」の歴史から，「働くという行為」の意味が問い直される。

　四日市公害を記録してきた人物の半生から，マス・メディアと私たちの関係を問うのが第11章の「表象と「現実」」である。メディアを消費するだけではなく，表象されたものを批判的に読み解くことで，「記憶」が蓄積され，「歴史」とのずれが明らかになってくる。そこで必要なのは，他者の「記憶」と交錯しつつ構築される「集団的記憶」なのではないか。

　第12章の「環境と共生」では，他者との共存だけでなく，異なる種との共存も視野にいれた共生のあり方を考えていかなければならないことが議論されている。そして最終章の「コミュニケーションの射程」では，放射性廃棄物や水銀の最終処分地をめぐる問題から，環境汚染と健康被害のグローバル化について考察していく。そこでは，時空を超えた他者との関係性を視野に入れたコミュニケーションが必要となってくるはずである。

第8章

社会と身体
規格化される身体からの解放

「ダッ！ダッ！脱・原発の歌」
（制服向上委員会, 2011）

それはそれは　とても許せないお話
例え例え　国の政策だとしても
危ない事が起きてしまったのに嘘ついて
直ちに人体に　影響はないなんてネ

　社会派アイドルグループ「制服向上委員会」の名が一般にも知られるようになったのは，2011年3月11日の東日本大震災による原発事故のことを歌った「ダッ！ダッ！脱・原発の歌」によってであった。その当時，制服姿で歌って踊る彼女たちの姿をYouTubeで見たときに受けたシュールな印象は忘れられない。原発事故の恐ろしさと国の政策批判をストレートに訴える歌詞と，その姿・立ち居振る舞いとのギャップがそう思わせたのかもしれない。制服が象徴するものを幾重にも反転させる彼女たちは，メンバーの入れ替えはあったものの，いまでも反原発集会などで「過激」なメッセージを発信している。

1　保健体育としてのダンス

2008年の学習指導要領の改訂により，保健体育科の領域および種目の選択幅が拡大され，ダンス領域では従来のものに加えて「現代的なリズムのダンス」が新たに導入された。つまり，ヒップホップも中学の授業で教えられるようになり，ラップに合わせたダンスもできるようになったのである。それは，たとえばラッパーの宇多丸が歌う「社会の窓」に合わせて生徒たちが踊ることも可能になったことを意味する。「臭い物にはフタをして／時々開けて楽しむんだ」と，〈社会の窓＝ジッパー〉を「日本政府という腐敗したファルスを隠すものだ」とみなすこの歌詞は，過激である（コンドリー，2009：76）。こうした曲を教師が選択するとはとても思えないが，かりにこの曲が取りあげられたとしても，学校という場では異なる意味を発し始めるのではないだろうか。

教える側の教師が踊ったこともないものを教えなければならないといった混乱を生じさせたこうした改訂が，規律化された身体をつくり出す場として始まった体育への意味づけを根底から変えることなど考えにくい。健康な体をつくるための場として機能しているはずの体育の授業で実際に行われているのは，比較され，計測される身体の「生産」であり，以前となんら変わりないのではないか。

2　「基準値」と健康な身体

健康な身体とはどのようなものなのか。たとえば，人間ドックを受診した結果の数値がおおよそ基準値内に収まっていれば，そのようにみなしてよいのだろうか。しかし，その基準となる値も日本人間ドック学会と健康保険組合連合会が2014年春に「新しい基準範囲」を発表したことにより，絶対的なものではないことがあらため

表 8-1 新旧の基準値 [1]

	新たな基準値範囲			従来値
	年齢	男性	女性	(男女共通)
体格指数(BMI)	年齢差なし	18.5〜27.7	16.8〜26.1	〜25
最高血圧	年齢差なし	88〜147		〜129
最低血圧		51〜94		〜84
総コレステロール	30〜44歳	151〜254	145〜238	140〜199
	45〜64歳		163〜273	
	65〜80歳		175〜280	
LDLコレステロール	30〜44歳	72〜178	61〜152	60〜119
	45〜64歳		73〜183	
	65〜80歳		84〜190	
中性脂肪	年齢差なし	39〜198	32〜134	30〜149
ガンマGT		12〜84	9〜40	0〜50

て確認された。表 8-1 の新旧対照表を見るとわかるように，たとえば血圧の値は上（収縮期）が 129 から 147 に変更になった。ただし，高血圧の基準が変わったのは今回が初めてではない。2000 年までは上が 160 以上で下（拡張期）が 95 以上だったのが，日本高血圧学会によるガイドラインの改定で上が 140 以上，下が 90 以上へと引き下げられたのだった。こうしたたびたびの変更によって，同じ血圧の値であっても正常から高血圧へ，あるいはその逆へと診断結果がその都度変わるというおかしなことになったのである。

私たちの身体は，生まれ落ちた瞬間からさまざまな基準値に照らして，標準的な発育を遂げているかどうかの「判定」がなされてきた。基準値自体が揺らいでいるにもかかわらず，標準的ではないと判断された身体はあらゆる「矯正」を強いられる。インターネットもいまやそうしたメディアとなっている。

---

1) 日本健康倶楽部の HP より。〈http://www.kenkou-club.or.jp/kenko_genki_sh47.jsp（最終アクセス日：2015 年 5 月 24 日）〉

> 幼児（1歳）の身長，体重が10ケ月あたりからほとんど伸びません。身長65.6，体重76.4です。生まれた時は標準でしたが，その後標準を下回る程度の増加です。何か原因があるのではないでしょうか？[2]

　ネット上にアップされた子どもをもつ親からのこの問いかけに対する答えは「様子を見たほうがいい」というものだったが，この質問から見えてくるのは我が子の「成長」を標準とされる値と照らし合わせて一喜一憂する親の姿である。ネットを検索すると，標準身長・体重が一目でわかるサイトがたくさんある。そうしたサイトには発達には個人差があるとの注意書きが記載されているものが多いとはいえ，標準的な発達を促すメディアとしてこれらが機能していることは間違いないだろう。

　幼児の標準的な身体の発達を示す指標は，身長・体重にとどまらない。たとえば，厚生労働省が出している『保育所保育指針解説書』によると，「おおむね1歳3か月から2歳未満」で「歩き始め，手を使い，言葉を話すようになることにより，身近な人や身の回りの物に自発的に働きかけていく」（厚生労働省，2008：35）と書かれてあるが，こうした指針が独り歩きすることによって，2歳過ぎても話さない子をもつ親が不安に思う光景が目に浮かんでくるようだ。しかし，実際には3歳過ぎてもしゃべらない子もいる。指標を気にしすぎるほうがかえって子どもの成長を妨げる場合もあるのではないかと思えてくる。

　こうした厚労省から出される指針などは，何らかの「科学的根拠」

---

[2] Yahoo! 知恵袋より。〈http://detail.chiebukuro.yahoo.co.jp/qa/question_detail/q1341536713（最終アクセス日：2015年5月24日）〉

に基づいて書かれているはずである。だからこそ指針として成り立っているのだろうが、たとえばその「根拠」自体が危ういものであったり、それが誤って理解されているかもしれないとしたらどうだろう。ジョン・ボウルビィの愛着理論に基づくとされる「3歳児神

> ●コラム1　数字に潜む政治性
>
> すべての建物から突然7階を撤去するという命令がでたとしよう。しかもあなたはたまたま7階に住んでいたとする。命令に従うだろうか。三崎亜記の小説『七階闘争』(2009)にはそうした騒動の一部始終が描かれている。市内における7階での人口当たり事件・事故発生率が全国平均の2.5倍であることを理由に、すべての建物から7階を撤去する方針を市長が示し、次々と7階が撤去されていったのである。
>
> 物語を読み進めていくと、その根拠となった数字がいかに怪しいものであるのかがわかってくる。市役所に電話した主人公の「私」が担当者から得た回答は、犯罪発生率と建物の階数との結びつきを示すようなデータを取り始めたのが7階で犯罪が起こり始めてからだというものだった。それ以前はもしかしたらほかの階の犯罪数のほうが多かったかもしれないのでは、といったことが「私」の頭をよぎる。
>
> こうした行政側による理不尽な数値に基づく管理が行われるのは、小説に限った話ではない。人口の管理から国民一人ひとりの健康管理まで、あらゆるところで統計処理された数値が使われているのである。たとえば、内臓脂肪の蓄積に加えて脂質異常や高血圧、高血糖の3つのうち2つが基準値以上であれば、メタボリックシンドロームと診断される。言い換えれば、腹囲が男性は85cm、女性は90cmを超えると、「メタボ対策」という管理の対象になりうるのである。しかもあなたの健康のためですからといわれれば、容易に従ってしまうのではないだろうか。今では当たり前のように自分の生まれた日に合わせて祝う誕生日も、戦後、人口を管理し、食糧需給を調整するために数え年から満年齢へと変更になった人口管理政策の結果である (Itaba, 2008)。数え年というその年に生まれた人たちがいっせいに年を取るような大雑把な数字ではなく、より細かなデータが必要となったためなのだ。ミシェル・フーコー (2008) はこうした秩序維持のための管理の姿を「生政治」と呼んでいるが、客観的な装いのもとに示される数字だからこそ、いっそう気をつけなければならないのである。

話」のようなことがないとはいえないのである。

　「子どもは3歳までは母の手で育てられる必要がある」とする「3歳児神話」は，愛着理論によって裏付けられていると長い間思われてきた（竹村, 2000）。しかしこの理論が実際に主張しているのは，乳幼児と母親の密接な結びつきと同時に，乳幼児の愛着の対象が必ずしも母親であるとは限らないというものであった（ボウルビィ, 1976-81）。にもかかわらず，理論自体が吟味されずにその一部だけが独り歩きしてしまい，結果として母親の絶対性や必要性を主張する動向がいっそう強められることになってしまったのである（大日向, 2002）。

　多くの人がネットを使って情報交換をする時代になり，幼児の発達をめぐるさまざまな言説が飛び交うようになった。その一方で厚労省の指針のように，国家による身体の発達の「健全化」が促されるという流れもある。乳幼児の検診でも，こうした発達度のチェックがなされているに違いない。しかし，「健全な身体」に関する情報はあふれてはいても，そもそもそれがどういうものなのかを知る人は少ないのではないか。いつから何が「健全」とされるようになったのか，その歴史を振り返ってみる。

❸ 国家と「体育」

　2011年6月に公布され，8月に施行されたスポーツ基本法の第17条は，「学校における体育の充実」を謳ったものである。それによると，「国及び地方公共団体は，学校における体育が青少年の心身の健全な発達に資するものであり，かつ，スポーツに関する技能及び生涯にわたってスポーツに親しむ態度を養う上で重要な役割を果たすものである……」となっている。つまり「体育」とは，「健全な身体」を育む場と規定されているのである。

その「体育」が学校教育に組み入れられたのは、明治以降のことである[3]。1872年に学制が発布されて近代的学校教育が始まり、それ以降、教育の場に体操が登場する。まず、1886年ごろに導入されたのが「兵式体操」である。その名のとおり、兵士の身体を強化するのがこの体操の目的であった。それが学校教育の現場に導入されたのである。つまり、学校での「体育」がいわば兵士予備軍をつくり出すための機能を果たしていたことが、このことからも見えてくる（杉本,2001a）。

また、教育現場での日ごろの身体づくりの成果を競う運動会なども始まる。日本で最初に行われた運動会は、1874年に東京の築地にある海軍兵学寮で行われた生徒競争遊戯会だといわれているが、その10年後には、すでにいくつかの小学校で運動会が催されたとの記録が残っている[4]。その後この動きが徐々に広まり、1894年の日清戦争勃発が契機となり、全国的に運動会が主要な学校行事となっていったのだという（吉見,2001）。

杉本厚夫（2001b）は、学校教育における「体育」は「近代的身体」、すなわち計測され標準化された身体をつくるために重要な役割を果たしているという。日頃の鍛錬やその成果を競う運動会といった身体を鍛えるためのさまざまな工夫がなされることにより、「近代的身体」がつくり出されていき、それが「健全な身体」と結びつけられていくのである。しかし、「健全」であるかどうかを判断するた

---

3)「体育」ということばが使われるようになったのは、戦後になってからである。それまでは、遊戯や体操、教練、体練といった用語が使われていたが、ここではそうしたものの総称として「体育」という言葉を使用する。
4) 吉見俊哉は、「学校行事としての運動会の発達と軍事演習の大規模化」が同時代的に起きた現象であると指摘している（吉見,2001：45）。ここにも体育と軍隊のつながりが見いだせる。日本における運動会の歴史については、吉見（2001）を参照してほしい。

めには，あらゆるものが数値化されなければならない。計測された数値によって甲・乙・丙といったランク付けがなされる徴兵検査のように，100メートル走のタイムによって上位何名かがクラスの代表として運動会のリレーに参加できるのである。

三浦雅士（1994）が『身体の零度』のなかで引用している『三四郎』に描かれた運動会の様子が興味深い。三四郎は，あこがれの女性である美禰子に会えるのではないかと思い運動会に出かけていくのだが，その運動会においていかに計測が肝心なのかがそこには描かれている。三浦によるその場面の再現を引用してみる。

> 「計測掛が黒板に25秒74と書いた。書き終つて，余りの白墨を向へ抛げて，此方をむいた所を見ると野々宮さんであつた」……やがて砲丸投げが始まるが，ここでも，野々宮さんが計測掛として登場し，「11メートル38」と書くのである。（三浦, 1994：163）

夏目漱石が『三四郎』を発表したのは1908年である。三浦は，この部分からだけでも，「日本人の身体がすでに，体格的にも体力的にも，数値として計測され比較される身体になってきていることがわかる」としている（三浦, 1994：164）。

ただし，その運動会を行うことができるほどの十分な広さをもつ運動場の確保となると，当初は難しかったようである（上和田, 2001）。1891年に出された小学校設備準則により，運動場を必ず設けることが規定され，その後次第に広がっていったという状況であった。そして，昭和になると運動場の面積は拡大していく。そうした流れを説明するのに，上和田茂は「オリンピックの陸上競技の影響もあって，200mトラックと100mの直線コースが確保できる面積と形状が望ましいとされるようになったことである」と記してい

る（上和田，2001：174）。身体を極限まで鍛え，運動能力を競い合う最高の舞台とされるオリンピックへの流れの基礎を担っていたのが，学校教育での「体育」だったということがこのことから見えてくる。国威発揚のためのオリンピックを下支えするという役目が「体育」にあるのだとすると，自分の身体でありながら，意外に不自由なのが「近代的身体」なのかもしれない。

4 既製服と身体

　軍隊ではそれぞれの差異が顧みられることなく身体が規格化される。サウスカロライナ州パリスアイランドにある米海兵隊ブートキャンプでの12週間を追った『ONE SHOT ONE KILL──兵士になるということ』（藤本幸久監督，2010）に描かれているように，そこでは入隊と同時に髪を剃られ，軍服に着替えさせられる。そして翌朝にはライフルが支給されるのである。服であれ武器であれ，それらは既製品であり，そうしたモノに合わせるかのように，身体はさらに規格化・標準化されていくのだ（三浦，1994：197）。

　大量生産によって供給可能となった既製服は，「身体の大量生産」へとつながっていく（三浦，1994）。三浦は，パール・バックの小説『大地』に描かれている中国での例を取り上げ，その様子を次のように描いている。

図8-1　『ONE SHOT ONE KILL──兵士になるということ』（藤本幸久監督，2010）ポスター[5]

---

5) http://america-banzai.blogspot.jp/2010/01/2009118-700-48-48-yessir-500457.html （最終アクセス日：2015年10月31日）

> 『大地』のなかで，王淵(ワンユアン)の伯母は，姪の愛蘭(アイラン)にやさしく心配気に語りかける。／「愛蘭や。あなたはやせてきましたね——やせすぎています。この頃の娘は，やせるために食事はしないし，男のようなぴったりした着物ばかり着たがって，悪い流行ですよ——」と。(三浦，1994：244)

　既製服に合わせるために痩せようと努力する愛蘭の姿は，私たちの日常の映し鏡でもある。データは多少古いが，「女子短大生のからだつきに対する意識とそれを形成する要因」(布施谷ほか，1998)という論文に記載されている結果にもそのことが表れている。都内の女子短期大学に通う1，2年生289人に自分のからだつきに対してどのような意識をもっているのかを聞いたアンケート調査で，「やせ志向の要因」を探ろうとする設問に対してもっとも多かった回答の上位3つが次のようなものであった。第1位が「やせていると格好が良い」，第2位が「ファッション雑誌や週刊誌の影響」，第3位が「やせていないと流行の服が似合わない」。そしてその結果に対して，「やせていることをよしとする価値観ややせていないと流行の服が着られない現実などが，若い女性のやせ志向を増幅させていると考えられる。また，流行の衣服ややせの風潮が，マスメディアから発信され，女子短大生がこの影響を受けていると考えられる」といった分析がなされている(布施谷ほか，1998：1043)。流行の服，つまり既製服に合わせるために自らの身体をつくり直すといった傾向は，今も昔も変わらずにあるのではないだろうか。そしてその傾向をさらにあおるのが，マス・メディアによって流される情報なのである。

　ところで既製服のサイズの規格化・標準化を図るには，身体のデータを大量に集め，分析する必要がある。そのうえで，たとえばSやM，Lといったカテゴリーがつくられていく。そうした規格化・

標準化が進んだのは，日本では1960年代から1970年代前半にかけてであったといわれている（木下，2009）。このころに，既製服の大量生産・大量販売のための基盤が整い，私たちの身体の規格化が進んでいったのである。

5 規律への抵抗

　軍服というと，前述のように身体の規格化の象徴であり，規律への従順さを示すものである。そして，私たちが身に着けてきた制服もその延長線上にあることは間違いない。ところが，鷲田清一によるとそれは表の顔であって，制服には裏の顔があるのだという。そしてそれは，規律への「従順さを凌辱するようなまなざしを呼びよせるという側面」であり，「コスチューム・プレイや着せ替え，異性装，そしてセーラー服願望など」をその具体例として，「制服への執拗なフェティシズム」がそこにはあるとしている（鷲田，2005：64）。鷲田があげている極端な例ではないが，同じ制服でも少し着崩してみるといった規律への抵抗は，確かにいつの時代でも行われていた。ただし，着崩し方にもはやり廃りがあり，抵抗だと思っていたものが逆に流行に取り込まれてしまう場合もある。

　規律への従順さを示すと思われているこの制服だが，もともとは自由の象徴として生み出されたという歴史がある。それはフランス革命の10年ほど前に起こった服装の民主化・平等化の流れのひとつのなかで生まれたものである。華美で色彩豊か，しかも権威の象徴であった貴族の衣服に対抗して，簡素で地味な「市民の制服」というものが考え出されたのである。それは，「すべての市民が，出身階級やそれにまつわるさまざまの差別やハンデを解除して，同じスタートラインに立つという，そのような市民社会の理念のヴィジュアルな表明であった」（鷲田，2005：73）。

こうした観点も含めて，あらためて扉で取りあげた社会派アイドルグループ「制服向上委員会」を眺めてみると，彼女たち自身が身に着けている制服そのものが，「自由を規制する者への抵抗」を表明しているようにも思えてくる。権力への抗いをあの制服と歌詞で精一杯表現しているといえないだろうか。

●コラム2　「障害者」からの解放

4年に一度の祭典であるオリンピックのあとに開催されるパラリンピック。そのパラリンピックに対して，自らも重度の障害をもつ金滿里（2014）は次のように批判する。

> パラリンピックの車イス競技ですごい超絶な車イス走行や，腕力を鍛えた技術にはやはり目を見張るものがある。しかし，決定的に「障害」の部分を極力最小限に留め，健常な部分を最大限に鍛え上げ，その絶妙なバランスの上に成り立つ身体性は，ある意味「障害」の絶対否定の上でしか成り立っていない。（金, 2014：55）

上演作品「ミズスマシ」のDVDジャケットより[2]

基準はあくまでも「健常」なのであり，「障害」の部分にあるわけではないのが，障害者スポーツである。そして，その頂点に君臨するのがパラリンピックなのだ。金（2014）はこうした基準自体に違和感を覚える。そしてたどり着いたのが，身体障害者にしかできない身体表現を追及する「劇団態変」であった。「身体障害者の障害じたいを表現力に転じ未踏の美を創り出すことができる」[1]という彼女の考え方のもとに，国内外で数多くのパフォーマンスを行っている。

---

1)「劇団態変とは」より。〈http://taihen.o.oo7.jp/main/jprofile.htm（最終アクセス日：2015年5月24日）〉
2) http://www.asahi-net.or.jp/~tj2m-snjy/dvd/dvd.html（最終アクセス日：2015年10月8日）

> ●ディスカッションのために
> 1 「標準的ではないと判断された身体はあらゆる「矯正」を強いられる」(☞95頁)と本文に書いてあるが,その「矯正」の具体的な姿を想像してみよう。どういうものが例としてあげられるだろうか。
> 2 これまでの学校教育であなた自身が受けた「体育」の授業はどういったものだっただろうか。何がそこでは教えられ,それはどういう意味をもっていたのか振り返ってみよう。
> 3 抵抗としてのファッションとして,どういったものが考えられるだろうか。話し合ってみよう。

【引用・参考文献】

大日向雅美 (2002).『母性愛神話とのたたかい』草土文化

上和田 茂 (2001).「学校体育施設の文化史」杉本厚夫［編］『体育教育を学ぶ人のために』世界思想社, pp.166-182.

木下明浩 (2009).「日本におけるアパレル産業の成立——マーケティング史の視点から」『立命館経営学』**48**(4), 191-215.

金 滿里 (2014).「パラリンピックへの展望」『インパクション』**194**, 53-55.

厚生労働省 (2008).『保育所保育指針解説書』〈http://www.mhlw.go.jp/bunya/kodomo/hoiku04/pdf/hoiku04b.pdf(最終確認日:2015年11月2日)〉

コンドリー, I.／上野俊哉［監訳］(2009).『日本のヒップホップ——文化グローバリゼーションの〈現場〉』NTT出版 (Condry, I. (2006). *Hip-hop Japan: Rap and the paths of cultural globalization*. Durham, NC: Duke University Press.)

杉本厚夫 (2001a).「体育教育によってつくられた近代的感情」杉本厚夫［編］『体育教育を学ぶ人のために』世界思想社, pp.24-41.

杉本厚夫 (2001b).「はじめに」杉本厚夫［編］『体育教育を学ぶ人のために』世界思想社, pp.i-vii.

竹村祥子 (2000).「家族と育児——家族における権力はどのような形で示されるのか」藤田弘夫・西原和久［編］『増補版 権力から読み解く 現代人の社会学・入門』有斐閣, pp.35-51.

フーコー, M.／慎改康之［訳］(2008).『生政治の誕生——コレージュ・ド・フランス講義1978-1979年度』筑摩書房 (Foucault, M. (2004). *Naissance de la biopolitique: Cours au Collège de France 1978-1979*.

Paris: Seuil.)

布施谷節子・高部啓子・有馬澄子 (1998).「女子短大生のからだつきに対する意識とそれを形成する要因」『日本家政学会誌』**49**(9), 1037-1044.

ボウルビィ, J. ／黒田実郎ほか [訳] (1976-1981).『母子関係の理論』(全3巻) 岩崎学術出版社 (Bowlby, J. (1969-1980). *Attachment and loss.* New York: Basic Books.)

三浦雅士 (1994).『身体の零度―何が近代を成立させたか』講談社

三崎亜記 (2009).『七階闘争』集英社 (『廃墟建築士』のなかに収録)

吉見俊哉 (2001).「運動会と学校空間」杉本厚夫 [編]『体育教育を学ぶ人のために』世界思想社, pp.42-60.

鷲田清一 (2005).『ちぐはぐな身体(からだ)―ファッションって何？』筑摩書房

Itaba, Y. (2008). Why should birthdays be happy?: A critical survey of the Japanese history of birth records and birthday celebration. *Frontier: The Japan Studies*, 23-37.

第9章

日常のなかの差別
差別するかもしれない「私」

水俣市立水俣病資料館（筆者撮影）

　水俣市立水俣病資料館は，人権教育の場とされている。特に「語り部」の講話は，水俣病患者や患者家族が受けてきたつらい差別やいじめがあったこと，水俣病に対する偏見を知ること，それによって命の大切さや他者への配慮の重要性を学ぶ場として位置付けられている。ところが，12名いる「語り部」のなかには，「いじめや差別を受けたことがない」と言う「語り部」がひとりおり，周囲を戸惑わせる。正直に自分の経験を語っているだけなのに，差別経験を語らないことが問題であるかのように言う者さえ現れる。また，原因企業であるチッソに対して「にくくない」と言う彼女に対しても，不満を口にする者がいる。彼女の父親がチッソに勤めていたことと照らし合わせて考えると，むしろそこから水俣という町の複雑さが学べるはずなのに，そうとはならない。こうした周囲の反応から，逆に私たちが学べることは少なくない。

1 「差別と偏見をなくす」というスローガン

「差別と偏見のない明るい社会を目指して」。こうしたスローガンを目にしたことはないだろうか。さまざまなところで開かれる人権セミナーや行政によって行われる人権施策でよく使われるものである。

そうしたメッセージを正面に掲げているかどうかは別として、学校教育の場においても差別や偏見をなくすためのさまざまな試みがなされている。扉にあったように、水俣病資料館（以下、資料館と称す）に生徒を連れてきて「語り部」の講話を聞かせるのもそのひとつである。ところが、教師をはじめとした教育や啓発に携わる人たちの努力はなかなか実を結ばず、いじめや差別行為はそう簡単にはなくならないのが実情である。

2010年6月にそのことを証明するかのような事件が起きた。それは、「熊本県水俣市の男子中学生が6月上旬、県内の他市の中学校とのサッカーの練習試合中に、相手選手から「水俣病、触るな」と差別的な発言を受けていたことが分かった」（読売新聞, 2010：8）というものだった。しかもこの差別発言をした生徒は小学5年生のときに資料館にきて水俣病の学習をしていたにもかかわらず、差別行為に及んでいたことで、教育委員会や資料館をはじめとした関係者はさらなる衝撃を受けたのだった。しかし、こうした事件など数ある事例のなかの氷山の一角に過ぎないはずで、だとするならば必要以上に大騒ぎすることのほうがむしろ問題なのかもしれない。それよりもこの事件から学ばなければならないことがあるとしたら、これまでの水俣病の学習、つまり人権教育がうまく機能していなかったということであり、知識が増えるだけでは差別行為がなくなるとは限らないという実態のほうではないだろうか。そもそも、偏見や差別意識が私たちのなかからなくなることなどあるのかどうかも

疑わしい。「差別と偏見をなくす」というスローガンは，いったい私たちと何を媒介してくれるというのだろうか[1]。

2 人権教育の実態と課題

まず，これまで行われてきた人権教育を振り返ることから，「差別と偏見をなくす」ということがどういうことなのか，はたしてそれは可能なことなのかを探っていく。人権教育の批判的分析を行っているかどやひでのりは，人権教育実践上の問題点として次の3点をあげている。1点目は「無知／偏見」が差別を生み出すという図式で教育がなされているということ，2点目は「心」の問題に教育実践課題を還元してしまう考え方，つまり「心理主義」が根強いことをあげている。そして3点目は，教育課題の限定化である。「部落差別を説明するためのはずの偏見理論が，すべての差別を認識するためのツールであるとされてしまって」(かどや, 2008：30) おり，そのために大事な議論が抜け落ちたまま人権教育の実践がなされているという実態をあげている。ここでは最初の2点に絞って，これまでの人権教育について考えてみたい。

❖「偏見理論」の限界

次の文章は，熊本県が作成した小学校高学年生を対象とする啓発リーフレット「はじめて学ぶ水俣病」のなかにでてくるものである (熊本県環境生活部水俣病保健課, 2012：7)。

> **正しい知識を持ち，差別や偏見をなくす**
> 水俣病がどのような病気なのか人々に正しく理解されなかっ

---

1) この章は，池田 (2014) を大幅に修正・改編したものである。

> たために、被害者や家族は差別・偏見を受け、大変つらい思い
> をしました。
>   私たちは、水俣病に限らず何事においても、正しい知識を持
> つとともに、被害を受けた方の立場に立って考えることが大切
> です。

　6つの質問とその答えからなる、全部で8頁の短いリーフレットのなかで、「水俣病から学ぶことは何だろう?」という問いに対する答えのひとつとして載せられているのだが、ここにも「差別や偏見をなくす」という表現が使われている。おそらく前述のサッカーの練習試合で差別的な発言をした生徒も、こうした教材を使って事前学習を行い、資料館を訪れた可能性が高い[2]。

　この「差別や偏見をなくす」という表現に対し、かどやは次のような分析を行っている。「人権教育の課題とかんがえられる「差別」に言及がなされるとき、それとセットで「偏見」があげられ」ていることがほとんどで、それは「差別と偏見は表裏一体のものであって、両者は因果関係でむすばれているとかんがえられている」からだというものだ (かどや, 2008:26)。要するに、「偏見をもっている」ことが原因で「差別行為がなされる」と捉えられているということであり、人権教育においては必然的に「無知/偏見」の克服に焦点があてられることになる。つまり、知識を与え、偏見をなくせば差

---

2) 熊本県教育委員会が行っている「こどもエコセミナー」(現在は「水俣に学ぶ肥後っ子教室」)でこの生徒は資料館に来ている。このプログラムでは事前学習を終えてから現地を訪れることが前提となっている。事業の概要が示されているホームページ (http://kyouiku.higo.ed.jp/page2017/page3732/page3733.html (最終アクセス日:2015年4月26日))を見ると、事前学習用の教材のリンク先がいくつか示されており、本文中で引用したものもそのなかのひとつ。教師がそれらの教材を使って教えることが想定されている。

別は生まれないということである。

　しかし，偏見が差別を生むのは確かだろうが，だからといって「「偏見をもつことによってのみ，差別が生まれる」ことを意味しない」（かどや，2008：27）。たとえば，水俣病はうつらないし遺伝しないという知識を得たことによって，感染ないし遺伝する病気に対する偏見を助長したのでは何もならない。また，当たり前だと思って使っている言葉がときによっては人を傷つけることもある，といった場合はどうだろう。さらに，まったく知識がない場合には，偏見のもちようがないのではないだろうか。「無知／偏見」が差別を生み出すという構図に基づく「偏見理論」にはこのような限界があるからこそ，理論を超えた枠組みで差別・偏見の問題を考える必要性がでてくるのである。

❖「心理主義」の問題点

　「心理主義」の問題とは，「思いやり」や「やさしさ」といった「個人」レベルでの「心」を変えれば差別はなくなるという考え方によって生じる弊害のことを指す。かどやは，「子どもがおもに学校で直面する問題の背景には，そこでおりなされる多様な社会関係や学校の制度的特徴など，さまざまな要素があるが，それらをすべてきりすててなかったことにしてしまい，すべては「生徒個人の心の問題」とされてしまう傾向」があると言う（かどや，2008：29）。つまり，「心」の問題に焦点をあてることによって，それ以外の要因に目が向けられなくなってしまう恐れが生じるのである。

　たとえばいじめの問題を考えてみると，それぞれの生徒の「心」が変わればいじめはなくなるのだろうか。皆が相手を思いやる心を育めば，それだけでいじめはなくなるほど単純ではないはずだ。思いやりのあるやさしい子であったとしても，まわりの子どもたちの同調圧力からいじめに加担したりする場合もあるだろうし，からか

っているつもりが、相手はいじめられていると感じていたというすれ違いのケースもあるだろう。「心」の問題だけですべてが解決できるわけではないのである。

水俣病の学習を通して人権を守ることの大切さを学んだ子どもたちの感想のなかからも、こうした「心理主義」がはらむ問題点が見えてくる。たとえば、資料館が編集・発行した冊子「水俣病とわたしたち～公害や環境を学習するこどもたちのために～」という子ども向け学習資料のなかには、水俣病患者を「かわいそう」な存在とする表現がたびたび出てくる。水俣市民の気持ちを表す部分で「患者さんをかわいそうに思いながらも、患者さんに対する態度はつめたいものでした[3]」（水俣病資料館, 2005：8）とか、その冊子のなかに収録されている来館者の感想に、「非常に心が痛くなる水俣病患者の写真、かわいそうだと思った」とか、「胎児性水俣病[4]の赤ちゃんがかわいそうだった」（水俣病資料館, 2005：23）というのがある。わずか6つしか載せられていない感想のなかの2つに、こうした「かわいそう」という表現が使われているのである。

この「かわいそう」という言葉は、憐みや同情といった表現と結びつく。他者のネガティブな感情状態を認知するだけでも想起されるものであり、主体的な感情体験がなくとも起こるのが同情であるといわれているように（出口・斎藤, 1990）、同情心がわき起こるだけだとすると、かえって危険である。水俣病患者は同情されるだけの「かわいそう」な存在ではないはずだし、同情心は水俣病患者がおかれている複雑な状況を理解するための妨げにすらなってしまいかねない。こうした感情だけで終わってしまっては、患者一人ひと

3）水俣市民による水俣病患者に対する差別のことを説明した箇所。
4）胎盤を通じて胎児の段階で有機水銀に侵されることで発症する水俣病のこと。

第9章 日常のなかの差別

りの多様性に目を向けようとする機会さえ失われてしまうのではないだろうか。

また,「かわいそう」という表現には,「弱者」に対する「強者」からのまなざしが内包されている可能性が高い。であるとするならば,水俣病を通して行われる人権教育はまったく逆のベクトルへと向かうことになってしまいかねない。本来ならば自分たちに引き寄せて考えること,つまり自分たちにも起こりえたかもしれないこととして捉えるのが学ぶことの意義であるはずなのに,自分とは別の世界で起こったこととして捉えてしまっては,とても水俣病の「教訓」が生かされたとはいえないだろう。

3 ステレオタイプな見方の弊害

水俣病患者を「かわいそう」な存在と捉えることと,ステレオタイプな見方は不可分な関係にある。ステレオタイプとは,型にはまった考え方を意味する。大量印刷のために用いられた鉛版(ステロ版)に由来する言葉であり,ギリシャ語で「固い」を意味する「stereos」と,「印刷」や「イメージ」,「類型」,「パターン」,「モデル」などを意味する「typos」が組み合わさったものである。つまり,ステロ版を使って同一の印刷物が大量につくられるのと同じように,判で押したような同じ考えや態度,見方が多くの人に浸透している様態のことをステレオタイプと呼んでいるのである。

この概念を最初に提唱したのは,ウォルター・リップマン(1987)である。彼は,物事を見てから「定義」するのではなく,「定義」してから見る私たちの傾向をステレオタイプ

図9-1 『世論(上)』
(リップマン,1987)

と呼び，批判した。たとえば，初対面の挨拶で相手が大阪から来たと知ったとたんに，この人は何か面白いことを言うのではないかと期待してしまったという経験はないだろうか。このような場合，もともともっていた「定義」から，そのような判断をしてしまうのであり，相手をもっと知ってから判断するという手順を省いてしまうのである。その結果，その「定義」に合うような側面しか見えなくなってしまうという弊害が生じてしまう。あるいは，「定義」とあまりにもかけ離れていた場合には，相手に何らかの問題があるとすら思ってしまい，「定義」そのものを見直すということにはならないのだ。

　水俣病患者に対するまなざしにもこうしたステレオタイプな見方が潜んでいる。前述した「かわいそう」という表現もその一例なのではないだろうか。そして，水俣病患者とはひどいいじめや差別を受けて苦しんできた同情すべき対象であるという思い込みが，違った話をする患者を排除してしまう（☞本章扉）。多様な患者がそれぞれの人生を歩んできたことに思いが至らずに，ひいては水俣病問題の全体像を見誤ってしまうということになりかねないのである。

❹ 「わかりにくさ」との出会い

　リップマンは，ステレオタイプが生まれる理由のひとつとして「思考の節約」をあげている。「あらゆる物事を類型や一般性としてでなく，新鮮な目で細部まで見ようとすればひじょうに骨が折れる。まして諸事に忙殺されていれば実際問題として論外である」とし，そのつど始めから考えなくてもすむからこそステレオタイプが存在するのだという（リップマン，1987：122）。

　そしてそれは，わかりやすさを求める私たちの傾向と軌を一にする。マス・メディアが流す情報のなかに私たちのステレオタイプを

うまく利用したわかりやすい物語があふれているのも、そのためではないだろうか。わかりにくいものを理解しようとすると、時間がかかるし、時にはいらだちすら覚える。時間をかけたとしても、結局よくわからなかったということになれば、無駄な時間を費やしたと悔しい思いをするかもしれない。そうならないためのいわば一種の防御反応としてわかりやすいものへと飛びつくのであろうが、それは私たちを思考停止状態へと導く危険性と隣り合わせである。一見するとわかりにくいと思われているものをあきらめて忘れてしまうのではなく、むずかしいままに心にとどめておいてもいいのではないだろうか。

イギリスの批評家であるジョージ・スタイナー（Steiner, 1978）がテクスト解釈について類型化した4つのむずかしさのなかのひとつに、そうしたことを考えるうえで参考になるものがある。それは、「Tactical Difficulty（戦略として打ち出されるむずかしさ）」である[5]。巽孝之の説明によると、「詩人が一定の文学的効果をあげるためにあえて詩的言語をわかりにくくする作業に象徴される」という（巽, 2007：8）。その指示する意味がすぐにわかってしまうような言葉は消えてしまいがちだが、詩のようにいかようにも解釈の余地があるものや、気になる言葉はいつまでも消えずに心に残る。漠としてよくわからないもののほうが、答えを求め続ける原動力となり続けるのだ。かつて観た映画や、かつて読んだ文学作品のなかに、当時はわからなかった差別の問題は見いだせないだろうか。

差別を受けた側が相手の言動によって自分が傷ついたのだということをきちんと伝えてくれればいいのに、といわれることがある。あるいは、嫌なことに対しては「ノー」と相手にはっきり言うよう

---

[5] ほかの3つは、「Contingent Difficulty」（辞書を引けば一気に解消するようなむずかしさ）、「Modal Difficulty」（生活様式の違いからくるむずかしさ）、「Ontological Difficulty」（存在論的なむずかしさ）である（巽, 2007：8）。

> ● コラム1　差別する者とされる者
>
> 　水俣市立水俣病資料館の「語り部」だった杉本栄子は,「最初に水俣病になってよかった。二番目だったら自分が差別をしていた」と,映画『のさり─杉本栄子の遺言』(西山正啓監督作品, 2014) のなかで語る。彼女は,水俣市のはずれに位置する小さな漁村の網元の一人娘として育つ。その村に水俣病がやって来るまでは,集落でお互いが支え合って暮らす穏やかな日常がそこにはあった。しかし,両親が水俣病になると,まわりからひどい差別を受けるようになる。ところがそのとき父から言われたのは,「差別する人を恨んではいけない」というものだった。最初はまったく納得できなかったと,彼女は言う。やがて村で差別していた人たちも次々と水俣病に倒れていくようになる。
>
> 　差別したかもしれない自分と向き合い,残したのが冒頭の言葉である。彼女の言葉から,差別の複雑さと,差別をなくすことの困難さを読み取ることができないだろうか。〈差別する／される〉という関係は,そのときどきで変わる可能性のある偶有的なものなのではないだろうか。

にといった啓発が行われることもある。確かにそれができればいじめや差別は減るのかもしれないが,それが簡単にできないからこそ問題がなくならないのである。被害者は自らの被害を語れない,あるいは語るとしてもかなりの困難さをともなうものなのだ。

　むしろ,私たちは「差別の日常」を生きていることを自覚し,何が差別にあたるのかを見抜く力を養っていく必要があるのではないか。「差別という出来事は"普通の世界"のはるか彼方からやってくるもの」ではなく,「"普通の世界"で私が"普通"に振る舞おうとする現実のなかから起こってくるもの」なのだ (好井, 2007：181)。だからこそ,わかりにくいものと出会ったときに,差別と向き合うきっかけが与えられる,と考えられないだろうか。

5　見てしまった者の責任

　水俣病患者に寄り添い続けてきた医師の原田正純は,「見てしまった者の責任」ということを生前よく話していた。しかもそれは,たとえば目の前で交通事故が起こったら知らない振りをすることなどできないのと同じで,当たり前のことだとも語っている（原田,2015）。しかし,そうした当たり前のことすらできなくなっているのが私たちの日常なのかもしれない。そして,それは差別にもつながっている。熊本県ハンセン病問題啓発推進委員会の委員長を務める内田博文は,「「関心をもたない」「啓発をしない」「行動をしない」といった不作為は差別であって,差別のかなりの部分を占める」と述べている（熊本日日新聞, 2015：3）。

　目の前で起こっている差別行為を自分や自分の身近な者が受ける可能性があるものとして捉えるならば,無関心ではすまされない。何らかの行動をとらずにはいられないはずだし,しかもその行動しないということが不作為の差別にあたるというのであれば,なおさらである。まずは,私たち自身が陥っているかもしれない「無関心という差別」に向き合うことから始める必要があるだろう。

　私たちは,差別することはいけないことだと教えられてきた。しかし,すでに見てきたように気づかないうちに差別行為を行っている場合もあるし,不作為の差別などは誰しもが少なからず行っているはずである。つまり,絶対に差別しない「私」などいないのである（好井, 2007）。したがってより重要になってくるのは,差別する可能性のある自分を見つめ,その自分との対話を繰り返すことではないだろうか。

　差別が私たちの日常からなくなることはない。だからこそ,なかったことにするのではなく,そのつど向き合っていかなければならない問題なのである。

> ● ディスカッションのために
> 1 物事を見てから「定義」するのではなく,「定義」してから見る私たちの傾向について,具体例をあげて考えてみよう。
> 2 「わかりにくい」ものに遭遇したときに自分だったらどうするだろうか。具体例をあげて,考えてみよう。
> 3 自らの日常を振り返り,自分たちが行ってきたかもしれない差別にどのようなものがあったかを考えてみよう。

【引用・参考文献】

池田理知子 (2014).「「日常的差別」に関する一考察―水俣病資料館のある「語り部」の講話から」『日本コミュニケーション研究』**42**, 15-30.

かどやひでのり (2008).「人権教育とはなにをすることか―その課題の教育方法学的検討」『社会文化形成』**2**, 23-39.

熊本県環境生活部水俣病保健課 (2012).「はじめて学ぶ水俣病」〈http://www.pref.kumamoto.jp/common/UploadFileOutput.ashx?c_id=3&id=4512&sub_id=1&flid=3&dan_id=1 (最終確認日:2015年5月11日)〉

熊本日日新聞 (2015).「身内と思い啓発を」『熊本日日新聞』(2015年5月6日朝刊3面)

巽 孝之 (2007).「むずかしい文学,むずかしい文化」『ヒューマン・コミュニケーション研究』**35**, 5-14.

出口保行・斎藤耕二 (1990).「共感性尺度の因子分析的研究」『東京学芸大学紀要』**41**, 183-196.

原田正純 (2015).「いま,「水俣」を伝える意味」「水俣」を子どもたちに伝えるネットワーク・多田 治・池田理知子[編]『いま,「水俣」を伝える意味―原田正純講演録』くんぷる,pp.13-79.

水俣病資料館 (2005).「水俣病とわたしたち―公害や環境を学習するこどもたちのために」〈http://www.minamata195651.jp/pdf/minamata_watashitati.pdf (最終確認日:2015年5月12日)〉

好井裕明 (2007).『差別原論―〈わたし〉のなかの権力とつきあう』平凡社

読売新聞 (2010).「中学生サッカー中に 水俣病差別の発言」『読売新聞』(2010年7月15日西部夕刊8面)

リップマン, W./掛川トミ子[訳] (1987).『世論 (上・下)』岩波書店

(Lippmann, W. (1922). *Public opinion*. New York: Macmillan.)
Steiner, G. (1978). *On difficulty and other essays*. New York: Oxford University Press.

第10章

働くという行為
社会のなかで問い直される労働の意味

影（田仲康博氏撮影）

「その日，影は反乱を起こした。違う言い方をするならば，光の都合によって一方的に存在のあり様を決められるという理不尽から解き放たれたのだ」。ある夏至の日に影はその主（あるじ）とはまったく違う動きを見せるようになり，誰もがそれを異変として話題にしたが，やがてそれが日常となるにつれ，「異端」とはみなされなくなった。ところが「私」は，読書に集中しているらしい影につられて，つい本棚に手を伸ばしてしまう。影のせいで，すっかり読書の癖がついてしまったのだ。これは，三崎亜記の短編小説『彼の影』のなかの話である。私たちは，身近で当たり前だと思っているものが違っていたことに気づくことがあるのだろうか。「私」のように，そこから影響を受けて変わる自分を想像できるだろうか。

ボランティアという労働力

　2015年3月9日，ボランティアに対して厳しい現実を突きつけるかのような記事が新聞紙面を飾った（関谷・奥山, 2015：10-11）。その記事によると，除染業者もまだ入っていない原発20キロ圏の場所でボランティアが活動したり，帰宅困難区域に一時帰宅する住民とともに「帯同業者」としてボランティアが入って家屋の片づけや草刈りなどを行っているのだという。ところがこうしたボランティアは，「労働者」ではないために法令上の被ばく管理の対象外とされている。また，たとえ自主的に損害保険に入っていたとしても，被ばくは補償の対象にはならない。まさに自己責任というわけである。そのことがよく表れているのが，環境省と福島県が除染情報の拠点として福島市に2012年1月に開設した「除染情報プラザ」のホームページに記載されている，ボランティア活動中の事故や怪我に対する保険の情報である。

> ボランティア活動中のさまざまな事故による怪我や損害賠償責任を保障する保険がございます。保険の補償の範囲（通常，放射線被ばくは保険の対象外）や保険費用を踏まえて，ご加入・ご更新をお願いします（原則，自己負担です）[1]。

　ここから見えてくるのは，ボランティアとは社会的に容認されている便利でお金のかからない作業者であり，彼女／彼らは「労働者」としてすらみなされていないということである。

---

1)「除染ボランティアに参加する前に知っておいていただきたいこと」
　〈http://josen-plaza.env.go.jp/volunteer/prior_information.html（最終アクセス日：2015年5月16日）〉

ボランティア活動とは、もともと自発性と無償性、公共性の3つの要件が備わったものとされていた(仁平, 2005)。ところが、2007年度から都立高校でボランティア活動が必修化されたり、有償ボランティアが登場したりと、その定義自体が怪しくなっている。しかも、集団の成員に利益が発生するようなものでもボランティア活動と呼ばれたりすることもあり、3つの要件すべての定義が揺れている。

さらに、ボランティアの隆盛に象徴されるような参加型市民社会は、新自由主義の枠内に取り込まれやすいという批判もある(渋谷, 2003)。つまり、市民参加が活性化することにより、国家による関与や市場原理が崩れる方向へと進むのかというとそうではなく、むしろ社会福祉の市場化や安全保障の強化などの国家の機能転換のためにうまく使われてしまうというのである(中野, 2001)。新自由主義と国家機能との関係については後述するが、冒頭の例を見る限り、こうした批判は的を射ているように思えてならない。

では、ボランティアではなく、「労働者」はさまざまな保障が受けられ、健全な労働環境が提供されているのだろうか。新自由主義経済のなかで、労働をめぐる現状がどうなっているのかをこの章では見ていく。そして、そうした状況のなかで労働の主体としての自分とまわりとの関係性から何が見えてくるのかを考えていく。

2 自発的労働が生まれるしくみ

まず、新自由主義と国家の介入という一見すると矛盾した状況がなぜ生まれているのかについて確認しておく。新自由主義とは、貿易と市場の自由化が進めば人びとの富が増大し、幸福がもたらされるという考え方である。こうした考え方のもとで、「小さな政府」づくりが推進される。つまり、市場経済への政府の介入を極力抑え、規制緩和などによって従来政府が担ってきた機能を市場に任せると

いったことが行われるのである。このように新自由主義のもとでは，国家が介入する度合いが弱まったかのように見える。ところが，実際は国家の役割が変化しただけにすぎず，私たちへの管理は逆に強まったともいえると，ミシェル・フーコー（2008）は指摘する。新自由主義においては，私たちが〈労働 - 消費〉にいそしむ経済人となるような「環境」が国家によってつくられ，そのような環境下で自発的にそうなるべく私たちはふるまうのだというのである。自発的な除染ボランティアが，前述の「除染情報プラザ」の設置により生み出されるしくみを見ると，フーコーの考察は的確であるように思えてくる。

　貿易自由化の取り組みのひとつであるEPA（経済連携協定）[2]により，看護師や介護福祉士を目指してインドネシアやフィリピン，ベトナムから日本にやってくるという人の移動が始まったが，ここでもフーコーの指摘する「権力」が作用している姿が見て取れる。協定締結という国家間での「環境」が整えられると，その制度への参加に手をあげた看護師や介護福祉士候補生が相手国から送り出され，日本側の民間団体が彼女／彼らを受け入れるのである。けっして国の介入が弱まったとはいえない。「介護の現場は働き手が不足して」おり，「このままいくと，団塊世代が75歳以上を迎える25年までに，介護職員が30万人不足するといわれている」（藤村, 2015：20）と聞けば，乗り越えなければならない課題が多いことは承知のうえで，人手不足の解消には必要な策だとして受け入れる雰囲気がつくられていく。

　そうした「環境」づくりをさらに進めるかのように，今度は「外

2）輸出入にかかる関税や，輸出入の際の基準や条件の緩和といった貿易の自由化と，人の移動や投資の自由化，知的財産権の保護などのルールについて，特定の国や地域との間で締結される協定。

国人技能実習制度[3]」の枠を介護分野にまで広げるという方針が政府によって打ち出された。その制度自体が問題の多いものであり、これまでにも実習生の人権や労働環境が守られていないなどのさまざまな批判があがっていたにもかかわらず[4]、安倍内閣のもとで日本再興戦略の一環として位置づけられ、2015年度中にも開始される予定となっているのだという（藤村, 2015）。ここでも一旦制度が決まれば、その制度を「維持」するために人びとは奔走するに違いない。そして、弱い立場の労働者がますます追い込まれ、「勝ち組」と「負け組」の格差がグローバルに広がるという新自由主義によってもたらされる構図がより強固なものとなっていく。

3 疎外される労働者

日本国憲法は、労働者の基本的権利である団結権・団体交渉権・争議権を保障する。憲法第28条によって、労働条件の維持・改善について使用者と対等な立場で交渉するために労働組合を結成すること、使用者との団体交渉を団結して行うこと、労働条件の改善などについての自己の主張を実現するためにストライキなどの争議行

---

3) 外国人が「技能実習」の在留資格をもって来日・滞在し、技能などを修得する制度。「技能、技術又は知識の開発途上国等への移転を図り、開発途上国等の経済発展を担う「人づくり」に協力することを目的として」、1993年に創設された（厚生労働省のホームページより。〈http://www.mhlw.go.jp/stf/seisakunitsuite/bunya/koyou_roudou/shokugyounouryoku/global_cooperation/gaikoku/index.html（最終アクセス日：2015年5月3日）〉）
4) パスポートの取り上げといった人権侵害や失踪事件があとをたたない。法務省によると、実習先からいなくなった実習生は2013年で約3500人に上るという（朝日新聞, 2015）。実習生は安価な労働力と捉えられていることがうかがえる。

為をすることといった権利が労働者には保障されているのである。歴史をひも解くと，三井鉱山三池鉱業所が行なった大量人員整理に反対して起きた三池争議[5]や，後述する「安定賃金及び合理化協定案」を強行に実施しようとする会社側に反対して起こったチッソ水俣工場の「安賃闘争」など，こうした権利を行使すべく労働者は団結して使用者に対抗してきた。しかし，今ではそうした争議などすっかり影をひそめてしまったかのようである。

その理由を日本の労使間の信頼関係が厚くなったからだとか，景気が低迷しているときにストライキを行ってもかえって使用者側を喜ばせてしまうだけだといったことに求めるものもあるが（藤村，2011），労働者が「ハードウェアやソフトウェアと併置されるライブウェア＝人材へと，地位を下落させられてしま」ったからだとする分析もある（矢部，2010：170）。思想家の矢部史郎は『原子力都市』のなかで，その傾向が顕著に表れているのが原子力産業であると述べている。そこでは，ヒエラルキーの末端に位置する下請けの原発労働者が，徹底的な管理のもとで過酷な作業を強いられる。しかもその管理に対しては，ストライキをするといった異議申し立てすらできない。そうしたシステムのなかに彼らは組み入れられているとしているのだ。

原子力問題に関しては古典とも称されるロベルト・ユンクの『原子力帝国』（1989）に，次のような描写がある。矢部の本のなかで引用されている一節で，なぜ原発労働者にはストライキという権利が行使できないのかがそこには示されている。

図 10-1　『原子力帝国』
（ユンク，1989）

---

5) 1959 から 1960 年にかけて起きた。安保反対闘争と結びついて大争議となったが，組合側に不利な中央労働委員会のあっせん案を認める形で 1960 年 11 月に終結した。

> なぜなら，そこでは，一時間以上停止すれば重大な災害を招かずにはいない化学‒物理反応がおこなわれているからである。たとえば，冷却装置が切られたり，あるいは，ある装置の運転能力をすこし落としただけでも，高レベルの汚染物質が放出され，工場全体，さらに環境までが危険にさらされることもありうるのである。(矢部, 2010：169 より引用)

つまり，福島第一原子力発電所事故のような大惨事が，ストライキをすることによって起こりかねないからこそ，その権利を行使できないのである。

矢部(2010)は，原子力産業を支えているこうした「人材管理」システムが，あらゆる現場に広がっているという。かつては労働者によって支えられていた場所に，「人材」が配置される。たとえば，以前は労働者の力で稼働していた工場が，今では機械と多くの非正

●コラム1　隠されてきた被曝労働

カメラマンの樋口健二が取材する様子を追ったテレビドキュメンタリー『隠された被曝労働〜日本の原発労働者〜』は，1995年にイギリスのチャンネル4で『NUCLEAR GINZA』と題して放映された。しかし，日本の大手メディアが原発労働者の実態を伝えることは，ほとんどなかった。そのため，この番組に描かれているような労働者の実態を知る人は2011年3月の原発事故以前は少なかったはずである。

原子炉は，およそ1年に1回の定期点検が法律で義務付けられている。その点検の際の作業員は，全国にある原発を渡り歩く者という意味で，「原発ジプシー」と呼ばれることもあった(堀江, 1979)。原子力による発電とは，こうした被曝を前提とした危険な作業を行う人たちの「犠牲」がなければ成立しえないものなのである。

私たちの生活はさまざまな人たちの労働によって支えられている。ときには立ち止まり，なぜ今の自分の生活が成り立っているのかということから，「不可視」の他者との関係性を考えてみてもよいのではないか。

規雇用者で成り立っていることからみても，彼の主張は説得力をもつ。働く者たちは団結する力を奪われ，ばらばらの分子と化してしまったかのようである。そしてそれは，以前よりもいっそう労働環境が厳しくなったことを意味するのだ。

4 チッソ労働者の「恥宣言」

　熊本県水俣市にあるチッソ水俣工場で起こった「安賃闘争」は，1962年4月の会社による安定賃金の提示が直接のきっかけであった。会社側は4年間の長期賃金協定を示すとともに合理化による人員整理を行わないことを示唆したが，その一方で争議の放棄を新日窒労組（チッソ労組）に求めてきたのだ（岡本, 2009）。化学産業における最大の労働争議だったといわれているこの一連の出来事から（富田, 2015：2），私たちが学べることは少なくない。特に，争議後に労組組合員たちが何を学び，どのように行動したのかを知ることによって，働くということがどういう意味をもつのかをあらためて

図10-2　「組合員と水俣病患者さんが市内デモ」
（熊本学園大学水俣学研究センター提供）

考えることができるのではないだろうか。

1968年8月30日，のちに「恥宣言」として広く知られるようになる，次の決議文がチッソ労組の定期大会で採択された。

> 安賃斗争から今日まで6年有余，私たちは労働者に対する会社の攻撃には不屈の斗いをくんできた。／その経験は，斗いとは企業内だけで成立しないこと，全国の労働者と共にあり，市民と共にあること，同時に斗いとは自らの肩で支えるものであることを教えた。／その私たちがなぜ水俣病と斗いえなかったのか？　斗いとは何かを身体を(ママ)知った私たちが，今まで水俣病と斗い得なかったことは，正に人間として，労働者として恥しいことであり，心から反省しなければならない。／会社の労働者に対する仕うちは，水俣病に対する仕うちそのものであり，水俣病に対する斗いは同時に私たちの斗いなのである。（さいれん, 1968）

水俣病の原因企業であるチッソの労働者として水俣病に向き合ってこなかったことを恥とし，会社の責任を追及し，患者の支援を行うことが，ここに宣言されたのである。

会社の御用組合である第二組合「新労組」が「安賃闘争」が進展するなかで発足し，第一労組の組合員は冷遇される。しかも「チッソ城下町」と称される水俣では，チッソやチッソ関連の会社で働く者が多く，家族や親戚内でも第一労組対「新労組」という対立が起こる場合も少なくなかった。会社内で雇用主に対して非難の声をあげるのは，しかも水俣という地でそうしたことを行うのは，想像を絶するほどの厳しい覚悟と忍耐が必要とされたのである。

2005年3月31日の最後の組合員2名の退職を見越して，前年の3月26日に水俣市体育館で解散大会が開かれた。組合員OBやOG，

地域の労働組合のメンバーなど合わせて600名が参加する大規模なものだったという。その歴史に幕が下ろされるまで、第一労組は水俣病患者に寄り添う姿勢を貫き続けてきたのだった。決議文にもあるように、人間として、労働者として何もしないわけにはいかないことや、弱者の側に立ち続けることの大切さを自分たちが痛めつけられた経験のなかから学び取ったからこそ、そうした姿勢を貫くことができたのかもしれない。会社を辞めるといった選択をするのではなく、とどまったとしても会社の不正義をただすことができるのだということをチッソ第一労組の組合員たちは教えてくれたのではないだろうか。

5 働くことの意味

　熊本県合志市にあるハンセン病療養所「菊池恵楓園」は、かつては高さ2メートルのコンクリート塀と深さ2メートルの堀に囲まれていた。1953年に改正された「らい予防法」（1996年に廃止）では患者が働くことを禁止していたにもかかわらず、療養所という隔離された社会の中は、患者や療養者がさまざまな「作業」を行うことで成り立っていた。

　また、そこでは患者の治療は軽んじられ、病気の撲滅ではなく、「患者の絶滅」を目指した国の対策と足並みをそろえるかのように、子孫を残させないための断種や堕胎が強制されたり、足が壊疽状態になれば切断するといったような医療行為が行われていた。1943年に米国で開発された画期的な治療薬であるプロミンによって、ハンセン病が治る病気となり、1947年にはその薬が日本でも使用されるようになったにもかかわらず、「らい予防法」に基づく隔離政策は続けられていったのである。

　当たり前のように行われていた「作業」が違法行為であったとい

うことがわかったり，当然のように行われていた治療が差別行為や人権侵害となったように，働くという行為は，時代・社会・組織といったコンテクストが変われば逆の意味をもつことさえあるのだ。自らの働くという行為を別の組織や社会，時代というスクリーンに投影したときに，自分が思っている像を結ばないこともある，ということを知っておくべきだろう。そのうえで，私たちは働くということの意味をもう一度考えてみる必要があるのではないだろうか。

●ディスカッションのために
1 自発的労働が生み出されるしくみについて，本文にあげられている例以外にどういうものがあるのか話し合ってみよう。
2 労働者が人材に置き換えられるシステムの具体的な姿を想像してみよう。友人や自分のアルバイト先とか，身近なところでそうしたシステムが見られるところはないだろうか。
3 働くことの意味とは，その行為が行われるコンテクストによって変わっていくものである。具体的な例をあげて，働くことの意味とは何なのかを話し合ってみよう。

【引用・参考文献】
朝日新聞 (2015).「(社説) 技能実習制度 人権守れる改革なのか」『朝日新聞』(2015 年 2 月 20 日朝刊 16 面)
岡本達明 (2009).「新日本窒素労働組合のあゆみ」熊本学園大学水俣学研究センター［編］『新日本窒素労働組合 60 年の軌跡』熊本学園大学水俣学研究センター, pp.11-20.
さいれん (1968).「何もしてこなかったことを恥とし 水俣病と斗う!」『さいれん』**1931**
渋谷 望 (2003).『魂の労働——ネオリベラリズムの権力論』青土社
関谷俊介・奥山智己 (2015).「検証 大震災「自己責任」リスク冒し」『毎日新聞』(2015 年 3 月 9 日朝刊 10-11 面)
富田義典 (2015).「戦後労使関係史における安賃闘争の位置」『大原社会問題研究所雑誌』**675**, 2-15.

中野敏男 (2001).『大塚久雄と丸山眞男―動員, 主体, 戦争責任』青土社

仁平典宏 (2005).「ボランティア活動とネオリベラリズムの共振問題を再考する」『社会学評論』**56**(2), 485-499.

フーコー, M. ／慎改康之［訳］(2008).『生政治の誕生―コレージュ・ド・フランス講義 1978-1979 年度』筑摩書房 (Foucault, M. (2004). *Naissance de la biopolitique: Cours au Collège de France 1978-1979*. Paris: Seuil.)

藤村かおり (2015).「「現場発！」使い捨てにされる外国人に介護される日」『週刊朝日』**120**(8), 18-22.

藤村博之 (2011).「日本の労働組合―過去・現在・未来」『日本労働研究雑誌』**53**(1), 79-89.

堀江邦夫 (1979).『原発ジプシー』現代書館

三崎亜記 (2014).『彼の影』朝日新聞出版 (『海に沈んだ町』のなかに収録)

矢部史郎 (2010).『原子力都市』以文社

ユンク, R. ／山口祐弘［訳］(1989).『原子力帝国』社会思想社 (Jungk, R. (1977). *Der atom-staat*. München: Kindler.)

第11章

表象と「現実」
「歴史」に対抗する「記憶」の集積

神通川

　NHK ドキュメンタリー『イタイイタイ病─現代への警告』(2015年2月20日,中部7県で放映)は,富山の神通川流域で起こったイタイイタイ病がいまだに解決されていない課題を抱える,現在進行形の問題であることを知らせてくれた。それと同時に,私たちが漠然と思い込んでいた患者像が,非日常の姿であったことも教えてくれた。名前の由来にもなっている激しい痛みがあっては日常生活を送れないため,そうした痛みを和らげる動作や歩き方の工夫を患者がしていたことなどが,そこでは語られていた。つまり,激しい痛みを伴う症状を訴える患者の映像がこれまで繰り返し流されてきたのだが,それは「絵になる姿」だったというのだ。患者の日常と,私たちが思っていた患者の姿が違っていたことに驚かされたのだった。

1 マス・メディアと消費

1972年7月24日,津地方裁判所四日市支部前には大勢の報道陣が詰めかけていた。1967年9月1日に第1コンビナート臨海部の企業6社を相手に,磯津の公害病認定患者9名が提訴した「四日市公害裁判」の判決を待っていたのだった。これらの企業が排出した亜硫酸ガスがぜんそくの発病要因であるとして,慰謝料と損害賠償の支払いを求めて提訴したこの裁判は,原告側の全面勝訴となり,そのニュースは全国に流れた。

図11-1の写真は,そのときの裁判所前の様子を向かい側にある市庁舎の屋上から撮ったものである。撮影したのは一市民として公害を記録し続けてきた澤井余志郎[1]で,彼はそのときの様子を次のように述べる。

> 裁判所向かい側の四日市市庁舎の屋上に上がり,仮説舞台での「勝訴判決報告集会」の模様を写真に収めていた。ファインダーを覗いたら,裁判所前のばんざいをする人びととコンビナートの煙突から変わることなく上る排煙がそこにあり,あらためてこの訴訟は公害差し止めではなく損害賠償請求事件であったことを思い知らされた。(澤井, 2012a:68)

そのころ裁判所前では,原告患者のひとりである野田之一が大勢の人の前で勝利報告の演説をしていた。そのなかで彼は,「裁判には勝ちましたが,これで公害がなくなるわけではないので,なくなったときにありがとうの挨拶をさせてもらいます[2]」と述べる。そ

---

1) 四日市公害の記録収集を継続的に行っていたことや長年にわたって反公害運動にかかわり続けたことで四日市公害の「生き字引」「語り部」「生き証人」などと呼ばれている(金子, 2011:17)。

の後、マスコミ各社は事あるごとに「ありがとうはまだ言わないのか」との質問を彼に投げかけてきた。まるで「ありがとう」の言葉を野田の口から聞くことが、四日市公害の終息宣言でもあるかのような扱いをしてきたのである。

四日市の空は、裁判当時に比べればはるかにきれいになっていることは間違いないだろう。だからといって以前のような「青空が戻った」といえるのだろうか。コンビナート群が排出する有害物質がどのくらいの量なのかを追求し

図11-1　市庁舎屋上から撮った写真
（澤井余志郎氏撮影：
四日市再生「公害市民塾」提供）

ようとする学者がいないため、私たちは工場から流れてくる異臭に気づきつつも、その汚染の実態が正確にはわからないのだ。つまり、「青空が戻った」という言説は人びとの願望が反映されたものなのかもしれない。にもかかわらず、報道する側も、そしてそれを受け取る側の者たちも、野田に「ありがとう」を言わせようとしてきたのである。

本章では、マス・メディアで表象される「現実」と、私たちが見なければならない「現実」とのギャップがなぜ生まれるのかを検証していく。そして、そのギャップを埋めるためには何がなされなければならないのかを考える。

---

2) 澤井（2012a：69）より引用。

2 記録する意味

1997年7月24日の四日市公害裁判判決25周年を機に発足した会である民間団体「四日市再生「公害市民塾」[3]」(以下,「市民塾」と称す) が出した本『きく・しる・つなぐ[4]』(伊藤, 2015) の表紙には,澤井が撮った写真が使われている。この写真が示しているように,彼が記録したのは四日市の日常の風景である。その日常の風景のなかに公害が記録されていること,つまり四日市の日常が公害と密に関係していたことが彼の写真を通して見えてくる。そこに,彼がシャッターを切り続けて残した写真の意味があるのではないだろうか。

澤井は,四日市で公害が問題となり始めた1960年代,患者がどういう状況におかれているのかを自分の目で確かめるために,公害がひどかった磯津へと足を運び,患者の声を聞き書きするという活動を始める。その声を拾うことにより,患者の生活の様子を記録として残していったのである。公害にかかわるようになる以前,彼は紡績工場の女子工員を集めてガリ切り[5]で「生活記録」を残す運動をしていた。そのときの体験を生かしてつくったのが,患者の日常などをまとめたガリ

図11-2 『きく・しる・つなぐ』(伊藤, 2015) 澤井の写真が表紙に使われている書籍

---

3) 澤井は,2013年までこの団体の代表を務めていた。
4) 「市民塾」が,2014年1月から約半年かけて,「四日市公害を忘れないために―きく,しる,つなぐ」と題して10回行った市民向けの公開講座の記録集。
5) ガリ版印刷の原稿をつくること。ヤスリ板の上を鉄筆でこする「ガリ,ガリ」という音から,この名がついた。こうした簡易印刷は,コピー機やワープロが普及する以前は学校や役所をはじめとした多くの場所で使われていた。

版文集なのである。

これまで，新聞やテレビ，ジャーナリストが映像をはじめとした多くの四日市の記録を残してきた。しかし，そこに残されているものの多くは，事件性のある出来事であり，報道する価値，つまりニュース性があると判断された風景である。そのなかには，公害に脅かされながら暮らしていた多くの四日市の人びとの日常も写されていたはずである。日常と公害とのつながりにニュース性があ

図 11-3 『ガリ切りの記』(澤井，2012b) 澤井が自らの活動を記した書籍

ったことを考えると，結果としては澤井の写真と同様の記録が少なからずあるのだが，記録を残す過程において両者には大きな違いがあったのだといえる。

ともするとマスコミに情報を独占され，その情報をもとに「現実」がつくられてしまうことの多い現状があるなかで，澤井が40年以上も継続して，記録してきたことの意味は大きい。たとえば，四日市公害は他の公害地域に比べて市民活動の盛り上がりに欠けたのではないかと一般的にはいわれているが，澤井がかかわった「四日市公害と戦う市民兵の会[6]」が残した裁判および判決後の活動の記録は，マスコミがあまり取りあげてこなかった情報を教えてくれる。澤井たちが長年実行してきた記録を残すという営為は，いわば「正しい」情報を自分たちの手に取り戻そうとするひとつの試みとして捉えることができるのではないだろうか。

---

6) 当時名古屋大学助教授だった吉村功が澤井と出会ったことがきっかけでできた会。平均年齢20代半ばのメンバーを中心に1970年ごろから活動が始まった。月刊ミニコミ誌『公害トマレ』は1979年7月に100号を発行したのちに休刊する。

3 表象する／しないという暴力

　四日市公害に関するあらゆる場面を記録し続けてきた澤井が唯一カメラを向けられなかったのが，患者がぜんそくで苦しんでいる姿であった。発作の症状がでるのが主に夜であったという要因もあり，そうした患者の映像が残っていること自体が珍しいのだが，それでも彼は幾度となくそうした場面に出くわしているはずである。しかし，撮ることはできなかったのだという。

　2015年3月に開館した「四日市公害と環境未来館」（以下，「公害資料館」と称す）は，澤井の資料がなければできなかっただろうといわれているほど，本人が撮った写真を含む彼の記録が使用されて

●コラム1　フィクションと「現実」

　フィクションとノンフィクションの境はあいまいである。ノンフィクションであると思われているドキュメンタリーに台本があったり，役者が演じる部分があったりする。また，全編を通して役者が演じているドキュメンタリーさえある。そうでなくとも，作り手がどこに焦点をあてるのかによって，映し出される「現実」は変わってくるものなのだ。

　普段けっして目にすることができないであろう，ぜんそく患者が苦しんでいる姿が収められている映像がある。それは，『終の信託』（周防正行監督作品，2012）というフィクション映画で，そこには役所広司演じる公害患者と思われる男性が激しいぜんそくの発作に襲われて苦しむ様子が描かれている。昔から四日市公害にかかわってきた知人が，その演技のリアルさに言及していたが，それほど彼の演技は真に迫るものだったのだ。スタッフのなかにぜんそく患者がいて，ひとつひとつ確かめながら役作りをしていったと，役所はあるインタビューのなかで語っていた。見ることができない「現実」もあれば，「虚構」でしか見ることのできない「現実」もあるのかもしれない。

『終の信託』（アルタミラピクチャーズ：発売元＝東宝, 2013）

いる。その公害資料館では,澤井が撮ったぜんそくの発作のあとだと思われる患者の姿が2枚だけ展示されている。扉で紹介したテレビ・ドキュメンタリー『イタイイタイ病—現代への警告』が指摘している「絵になる姿」との違いから,澤井が発作中の患者の姿を撮らなかったことの意味を考えてみる必要があるのではないだろうか。

❖カメラを向けることの意味

カメラを向けることの暴力性については,これまでさまざまな議論がなされてきた。たとえばスーザン・ソンタグは,誰かを撮影するということは「ソフトな殺人」であるとまでいう。それは,撮影者が対象となる人びとを「象徴的に所有できるような対象物に変えてしまう」(ソンタグ, 1979：22) ことを意味し,そこにカメラの暴力性を彼女は見出す。観光旅行客のカメラに収められる現地の人びとが,その地における彼女／彼らの生活など顧みられることなく単なる消費の対象となってしまうことを考えると,カメラには他者を客体化 (objectification) する暴力性が潜んでいることがわかる。しかも今ではその写真が,「旅の記録」とでもいうかのように,ブログやFacebookといったインターネット上のサイトにアップされ,他者と共有されたりもする。そこでもまた,ネットユーザーの消費の対象になるというまなざしの暴力が作動するのだ。

カメラの暴力性は,ドキュメンタリー・フィルム『レベル5』(クリス・マルケル監督作品, 1996) のなかに挟みこまれたワンシーンにも表れている。米軍が撮影したと思われる戦場のフィルムに,テニアン島で米軍に追い詰められた島の人たちが次々と岸壁から海に飛び込み自決していく場面が写されていた。あるひとりの女性が,カメラの方をじっと見て,その直後に海に飛び込んでいく。「世界に対して恥ずかしくない日本人」としての行動をとらせたのは,つまり,ためらい,踏みとどまることなく彼女に死を選択させたのは,

カメラがそこにあったからかもしれないといったナレーションがそのシーンには被せられていたはずで、カメラというメディアがつくり出す場の暴力性が確かに存在したことが示されている。

❖カメラを向けないことの意味

さらに、カメラを向けることだけではなく、向けないことの暴力性の問題も指摘できるだろう。たとえば、1999年のシアトルでの反WTO、反グローバリゼーションを訴えて行われたデモでは、数万人の参加者が集まり、平和的な集会と行進が行われたにもかかわらず、窓を割ったり店を破壊したりといった、一部のごく少数の人びとにマスコミはカメラを向けていた。国際問題評論家の北沢洋子は、次のように述べている。

> シアトルでは、彼らは、グローバリゼーションを象徴するマクドナルドやスターバックスを襲撃した。店のショーウインドウをハンマーで壊したり、路上で火を焚いたりした。これが引き金となって、シアトルの失業中の若者が宝石店のショウインド（ママ）ウを壊して、略奪行為を働いた。／マスコミが、この映像を繰り返し全世界に報道したため、シアトル＝暴力行為という構図が定着してしまった。しかし、これは11月30日夕方の短い時間の、しかも少数の若者の行為にすぎない。(北沢, 2001)

ドキュメンタリー映画『チョムスキーとメディア マニュファクチャリング・コンセント』（マーク・アクバー＆ピーター・ウィントニック監督作品, 1992）のなかでノーム・チョムスキーが指摘しているのも、同様の問題である。たとえば、カンボジアと東ティモールにおける大虐殺の米国でのメディア報道を比べると、カンボジアに比べて東ティモールのことはほとんど報道されていない。米国の政治

●コラム2 「水俣病」を回避させる「聖地」への順路

　NPO法人地域活性化支援センターが行っている「恋人の聖地プロジェクト」の一環として全国各地に立てられているのが，写真にあるようなハート形のモニュメントである。プロポーズをする場としてふさわしいロマンティックなスポットとして，全国130を超える箇所が指定されており，下の写真にある「恋路島を臨む親水公園」と名付けられた場所（熊本県水俣市）もそのひとつだ。そこは，「汐の香りと波の音を聞きながら」恋人同士がゆっくりと散策する場所と，NPOのホームページでは説明されている。しかし，そこは水俣病の原因となった有機水銀を未処理のまま埋め立ててできた土地であり，その上に立つのがハート形のモニュメントなのである。

　埋め立て地の入り口には道の駅があり，恋人の聖地までの順路が案内板に提示されている。その順路にしたがって行くと，右手にある緑の林や公園，左手にある材木の山を眺めながらの散歩やドライブができるようになっている。しかし，路線バスの通る別の道を選択すると，水俣病の原因企業であるチッソの子会社や水俣市立水俣病資料館，水俣病の犠牲になったものへの鎮魂のために置かれた数十体の地蔵，水俣病犠牲者の慰霊碑を見て，そこに到着することになる。「恋人の聖地」とは，そうした見なければならない「現実」を回避させるメディアなのではないだろうか。

水俣にある恋人の聖地（著者撮影）

的な思惑によってこうした報道の差が出たことは間違いないのだろうが，いずれにしろ，結果として米国が加担した東ティモールの大虐殺は長い間なかったかのように扱われてきたのである。このように，メディアが報道する／しないが私たちの知る権利をある方向に

4 記録と記憶

「歴史」という言葉の英語「history」が「his」と「story」が組み合わさってできたものではないかと揶揄されるように、過去に対する為政者側の視点を反映した物語が「歴史」であるという認識が広がってきた。そうした「歴史」の特権的な位置付けに対する疑問のなかから生まれてきたのが、ひとつには「記憶」という概念だったのではないか。そしてそれは、「歴史」認識に対する再考を促す契機をもたらしてくれる。安川晴基は、その「記憶」という概念の重要性は「単数形の「歴史」に対する複数形の「記憶」」と「過去の客観的な再現に対して選択的な再構成のプロセスの強調」にあると言う（安川, 2008：68-69）。唯一の「歴史」があたかもあるかのような状況に対して、それを相対化する装置としての「記憶」概念がもつ意味は大きいのではないだろうか。

「記憶」は、まわりとの関係性のなかから紡ぎだされる。つまり、モーリス・アルヴァックス（1989）がいうように、集団によって生みだされるのが「記憶」であり、その集団は「記憶」によって生まれる。たとえば、家族との思い出を語ることで、家族という集団が何らかの輪郭をもったものになるし、それは社会的な出来事に関しても同様である。「消費は美徳だ」という言説がかつて生み出され、それによって大量消費社会が維持されてきたことからもわかるのではないだろうか。しかし、何がどのように語られるのかによって立ち現れるそのような「集合的記憶」は、変わりうることも確かである。要するに「集合的記憶」は、同じ事象に対しても、それを解釈する人や体験する人が誰かによって変容していくものなのだ（アス

マン, 2007)。

「集合的記憶」の形成に大きく関与するのが，さまざまなメディアである。「個人や集団に内在した記憶は，語りや絵，文字によって外部化され，それらを通してさらに記憶は書き換えられ強固なもの」となっていく（伏木, 2009：43)。だからこそ前述の世界中のテレビを通して流されたシアトルの映像が，〈シアトル＝暴力行為〉という構図への定着に加担することになったのである。

「記憶」の構築や再構築にかかわるメディアは，文字や映像だけではない。記念式典や歴史的建造物，資料館といった幅広いものを含む。たとえば，毎年8月6日に行われる平和記念式典でのメッセージや，同じ場所で5月に行われるフラワーフェスティバルが，「核」や「平和」の記憶を塗り替える力をもつこともあるのだ（米山, 2005)。

澤井が残した記録は，今後どういう「記憶」の構築へとつながっていくのだろうか。四日市公害に関して彼が残した文字や映像の記録が資料館という公的な場に並べられることで，どのように意味付けられていくのだろうか。公害を克服した「環境先進都市四日市」をアピールしたい行政側の「歴史」に回収されないためには，展示された資料が字義的に何を私たちに伝えようとしているのかだけではなく，なぜそれがそこにあるのか，そこにないものは何なのかといったことも含めて，「展示」の意味を考えていかなければならない。つまり，私たちに訴えかける直接的なメッセージだけでなく，それらが私たちをどこに導こうとしているのか，私たちとどのようなかかわりがあるのか，いわゆる「行間を読む」必要があるのではないだろうか。

私たちは，日常のなかでさまざまな「記憶」の構築を行っている。たとえば，メディア報道に対して疑問をもち，考えるといった作業は，「記憶」の更新をすることに他ならない。そうして構築された

「記憶」は，他者の「記憶」と交錯しながら，そして同時に「歴史」とのずれをあらわにしながら，過去と現在，未来を橋渡しする「集合的記憶」となっていく（アスマン，2007）。それは，私たち自身が社会のなかでたえず「当事者」としてかかわっていることを意味するのである。

> ●ディスカッションのために
> 1 最近は，SNSで気軽に写真をアップする人が多いが，そうした行為が暴力性を帯びることはないのだろうか。話し合ってみよう。
> 2 メディアがカメラを向けないことの暴力性について，他にも何か例がないか考えてみよう。
> 3 「集合的記憶」の構築とはどういうことなのだろうか。具体的な事例をあげながら，話し合ってみよう。

【引用・参考文献】

アスマン, A.／安川晴基［訳］（2007）．『想起の空間―文化的記憶の形態と変遷』水声社（Assmann, A. (1999). *Erinnerungsräume: Formen und Wandlungen des kulturellen Gedächtnisses*. München: Verlag C. H. Beck.）

アルヴァックス, M.／小関藤一郎［訳］（1989）．『集合的記憶』行路社（Halbwachs, M. (1950). *La mémoire collective*, Paris: Les Presses universitaires de France.）

伊藤三男［編］（2015）．『きく・しる・つなぐ―四日市公害を語り継ぐ』風媒社

金子 淳（2011）．「公害展示という沈黙―四日市公害の記憶とその表象をめぐって」『静岡大学生涯学習教育研究』**13**, 13-27.

北沢洋子（2001）．「シリーズ1：シアトルの戦い シアトルで何が起こったのか」〈http://www.jca.apc.org/~kitazawa/〉（最終確認日：2015年8月7日）〉

澤井余志郎（2012a）．「「ありがとう」と言えないことの意味―四日市公害訴訟から公害資料館まで」池田理知子・田仲康博［編］『時代を聞く―沖縄・水俣・四日市・新潟・福島』せりか書房, pp.67-82.

澤井余志郎 (2012b).『ガリ切りの記―生活記録運動と四日市公害』影書房
ソンタグ, S. ／近藤耕人［訳］(1979).『写真論』晶文社（Sontag, S. (1977). *On photography*. New York: Farrar, Straus and Giroux.）
伏木　啓 (2009).「集合的記憶とメディア」『名古屋学芸大学メディア造形学部研究紀要』**2**, 43-52.
安川晴基 (2008).「「記憶」と「歴史」―集合的記憶論における一つのトポス」『藝文研究』**94**, 68-85.
米山リサ／小沢弘明・小澤祥子・小田島勝浩［訳］(2005).『広島―記憶のポリティクス』岩波書店（Yoneyama, L. (1999). *Hiroshima traces: Time, space, and the dialectics of memory*. Berkeley, CA: University of California Press.）

第12章

環境と共生
異質性から考える共生のあり方

『福島第一原発 風下の村 森住卓写真集』（森住, 2011）

　福島第一原子力発電所事故では，多くの動物たちが犠牲になった。特に，酪農家の手で育てられ，その家族の家計を支えていた牛の多くが殺処分された。原発の風下にあたり，住居や農地を放射性物質に汚染されたためにその地を離れなければならなくなった酪農家の苦渋の選択であった。そして，動物に手を下さざるをえなかったことを報道などで知った私たちも，まったく罪のないものが受ける被害の理不尽さを思い知らされたのだった。

　「家族の一員」として大事に育てられた牛は何を思ったのだろうか。福島のような過酷事故が起こっても，動物や植物はそれを知ることも逃げることもできないのだ。

1 生きものとの「共生」

「共生」という言葉を聞いて，何を思い浮かべるだろうか。おそらく文化背景の異なる人たちや，障害をもった人たちとの共生を思い描いた人がほとんどなのではないだろうか。しかし，扉で言及されていた動物たちも含めたすべての生きものとの「共生」も視野にいれて考えなければ私たちの生活が成り立たないことも確かである。

シロアリを例にとって考える。私たちの住居にすみつかれると「害虫」となるが，シロアリは山ではなくてはならない生物である。枯れた木を餌として生きているシロアリは，山の生命循環においては重要な役割を担っている。しかも，多種多様な生きものが暮らす地球上にあっても，枯れ木を分解して自然界に戻してくれる生物は，シロアリ以外はほとんどいないといわれている（武田, 2009）。木を伐採したあとの根を取り除こうとすれば，計り知れないほどの時間と労力とお金が必要となり，ほぼ不可能である。そうしたことを考えると，シロアリは地球環境にとってかけがえのないものであることがわかる。したがって，人の住む家ではなく山にいてくれる限り，シロアリは益虫どころかそれ以上の存在だということになる。ということは，シロアリを勝手に「害虫」にしたのは私たちの都合であり，シロアリが好むような住環境をつくってしまった私たちの責任ということにならないだろうか（池田, 2014）。

地球環境を守るとはどういうことなのか，「共生」とはどういったことなのかといった問いを，あらゆる生命が私たちに投げかけているはずである。この章では，「ともに仲良く生きる」という意味でこれまで使われることの多かった「共生」概念を再考し，地球環境という観点から眺めることにより，広い意味での「共生」のあり方を探っていく。

2 多文化主義と共生

「共生」という言葉との組み合わせでよく使われるのが、「多文化共生」というフレーズである。さまざまな文化背景をもつ人たちとともに生きることの重要性を指しているのがこの言葉なのだが、その具体的な中身はどうなっているのだろうか。ここでは、「多文化」と「共生」とのつながりを明らかにすることにより、一般的に使われている「共生」概念の問題点を探っていく。そのためには、1980年代後半以降に日本で多用されるようになったといわれている「多文化主義」という概念の歴史をまずひも解いていくところから始める。

❖リベラル多文化主義

多文化主義という考え方が最初に導入されたのは、1970年代初めのカナダとオーストラリアであった。さまざまな民族や文化背景の異なる人たちが暮らす移民国家である両国の課題のひとつが、そうした多様な人たちをどうやって「国民」として統合するのかであり、そのための国家政策として取り入れられたのが多文化主義であったといわれている（西川, 2000）。

同じような移民国家である米国で多文化主義が唱えられるようになったのは、古矢旬（1995）によると、1990年代になってからだという[1]。それまでは、多種多様な文化は競うことなく共存すべきだという考え方、つまり文化的多元論が主流であった。野村達朗（1997）は、この考え方はあくまでも統合の方向性を保持したものであり、だからこそ多様な文化の共存を唱えつつも、「アメリカ合衆国の民主的な政治制度・社会制度を支持し、共通の言語として

---

1) 野村（1997）からの引用。

英語を用い、独立宣言に表明されたアメリカ共通の理念で味つけされねばならないと主張」（野村, 1997：30）しているのだとする。そして一方の多文化主義は、そうした統合への方向性を否定しており、それぞれの文化を維持した多様な文化集団からなるべきだとの主張であると捉えられている（野村, 1997：31）。

ただし、多文化主義という概念自体も多様であり、文化をどう捉えるかによってその意味する内容も変わってくる。たとえば米山リサ（2003）は、『暴力・戦争・リドレス』のなかで、多文化主義とは主として文化の捉え方により3つのアプローチ——リベラル多文化主義と企業的多文化主義、批判的多文化主義[2]——に分類されるとする。そのなかでもこの章の主題である「共生」と結びつけて語られることが多いのが、リベラル多文化主義である。

リベラル多文化主義においては、文化とはある集団に固有なものであり、純粋かつ本質的なものとみなされる。したがって、ある文化内における多様性は無視され、そこで起こる変容などないものとみなされる。

ディズニーランドのアトラクションのひとつである「イッツ・ア・スモールワールド」が、こうした見方を象徴的に表している（藤巻, 2006：224）。着物を着た日本の子どもの人形や、サリーを着たインドの子どもの人形が登場するといったステレオタイプな文化表象でそこは埋め尽くされており、まるで各国を代表するかのような人形が仲良く無邪気に「世界はまるい ただひとつ」と歌う。まさに、「世界中の子供たちが各国の民族衣装で歌う「小さな世界」」[3]なのである

---

[2] 企業的多文化主義とは、経済的な利益を上げるために文化的差異の活用を積極的に行おうという考え方。批判的多文化主義とは、ほかのふたつに対する批判から生まれた考え方で、文化がもつ政治性を積極的に分析の俎上に載せようとするもの。

> ●コラム1　裁判と多文化
>
> 　中国語の通訳・翻訳者である岩本明美は,『法廷の異文化と司法通訳——中国籍被告人を裁く時』(2009) のなかで,事実の認定にほぼ争いがない場合,被告人が中国籍であるか日本籍であるかによって,次のような違いが見られることを指摘している。それは,公判手続きにおいて前者には反省の態度が見られないように映るのに対し,後者にはその態度がはっきりと見て取れるということである。そのうえで岩本は,異なる文化背景をもつ被告人を裁く場合は,その文化を理解したうえで関係者は臨まなければならないと主張する。
>
> 　岩本をはじめとした,これまでの司法の場における異文化に対する配慮の重要性を強調する主張は正論ではあるのだろうが,そこには限界もある。たとえば筆者が傍聴した刑事裁判では,被告人である中国人が反省の弁を述べていたし,心から反省していることをうかがわせるような言動をとっていた。このケースが例外なのかどうかはわからないが,筆者がこの経験を通じて感じたのは,「中国人の文化背景を知る」ことが,かえって中国文化のステレオタイプ化へとつながる恐れが生じてしまわないかという危惧である。
>
> 　また,異なる言語の使用,つまり通訳者が介在する裁判が「異文化」であるとの考え方の一面性も指摘しておきたい。たとえば,水俣病の認定をめぐる裁判において,裁判官が当時の「漁師文化」を理解できないことが裁判の流れを左右しかねないということである。有機水銀に汚染された魚を「多食した」ことの内実——毎日,しかも三度の食事に大量の魚を食べていたこと——がわからなければ,同じ日本語を使っていたとしても意思の疎通ができていたことにはならない。ここでも,自らの基準で決めつけないという「異文化理解」が求められるのであり,「異文化」とは私たちが想像する以上に幅広い概念なのである。

　リベラル多文化主義はさらに,すべての文化はそれぞれ固有の価値観をもっており,お互いの文化を尊重すべきだとする文化相対主義 (☞第6章) を前提としている。しかし,この考え方自体が文化

---

3) 東京ディズニーリゾートの公式ホームページより。〈http://www.tokyodisneyresort.jp/attraction/detail/str_id:fl_small/ (最終アクセス日：2015年7月6日)〉

間に現存する力の差を無視しているといった問題をはらんでいるため,「文化は権力関係やイデオロギー,政治・経済構造などとは無関係とされる」無責任な態度へとつながりかねない(河合,2010：168)。

再びディズニーランドのアトラクションを眺めてみると,「ビッグサンダーマウンテン」や「スペースマウンテン」では鉱山列車や新型ロケットに乗ってスリル満点の旅を楽しむというつくりになっているのだが,そこには「勝者」の視点が隠されている。前者には文明が先住民を未開・野蛮から救ったという物語(=歴史観)が,後者には米国を中心としてなされた宇宙開発を称賛するメッセージが潜んでいるのだが,単なるエンターテインメントといった装いを呈しているため,そのことが容易には見えてこない。つまり,「政治的にまったく中立」を装うかのような展示がそこではなされているのである(藤巻,2006：225-226)。そうしたソフトな一面があるがゆえに,ある一方向の見方をさりげなく刷り込む効果を発揮しているのかもしれない。

❖「多文化共生」の実態

こうしたさまざまな問題をはらんだリベラル多文化主義と親和性が高いのが,「みんな仲良く生きる」とか「互いにやさしく,気配りして生きる」といった一般的な意味で使われている「共生」である。そしてそのふたつが結びついた言葉が「多文化共生」であり,多くのところでそれはスローガンとして使われているのである。

植田晃次(2006)は,そうしたスローガンのもとでなされるプログラムには次のような問題点があると批判する。たとえば,「在日コリアン」との「共生」を謳った公立学校での「多文化共生」プログラムのなかには,チャンゴや舞踏,簡単な朝鮮語の学習がセットになったものがよく見られるという。そして,そうしたプログラム

自体が硬直化してしまっていること，それらに基づく教育が「在日コリアン」のステレオタイプなイメージ強化につながる可能性があることを指摘している。

　自治体主催の「多文化共生」イベントなども，ステレオタイプなイメージの植え付けにつながるのではないかと危惧されるものが，少なからずある。たとえば，自治体が主催する「多文化共生フェスティバル」といったイベント開催の報告文からうかがえるのは，こうしたイベントが表層的な異文化交流にとどまってしまっているのではないかということである。料理を味わったり，ダンスを楽しんだりすることでお互いの文化に触れることができ，そこで暮らす外国人と日本人の交流を深めることができるといったことがそこには謳われている。

　このようなイベントはさまざまな場所で行われているが，そうした一過性のものを開催するだけで，相互理解が深まるほど単純ではないはずであり，そうした交流によって目指される「共生」とはどういうものなのかといった疑問が残る。むしろ，誰が何のためにともに生きようと呼びかけているのか，誰がどういった「他者」とともに歩んでいこうとしているのかなど，その中身を吟味しなければならないのではないだろうか。

3　「よそ者」の役割と共生の意味

❖「よそ者」の他者性

　ゲオルク・ジンメルは，「よそ者についての補論」のなかで，「よそ者」を次のように定義する。「今日来て明日とどまる人──いわば潜在的放浪者」（ジンメル, 1999：248）であり，一定の場所に何らかの事情でつなぎとめられてはいるが，初めからそこにいたわけでも育ったわけでもなく，だからこそその地で生まれ育った者にはあ

図12-1　ゲオルク・ジンメル[4]

りえないようなさまざまな特質をそこにもたらすことができるのだとする。「よそ者」とは，私たちが当たり前だと思って見過ごしてきたことがそうではないのだということに気づかせてくれる，共同体にとっては貴重であり，魅力的な存在なのだといえる。ただし，そうした「よそ者」からの刺激といったことは，「多文化共生フェスティバル」といった一過性のイベントではなかなか見えてこない。むしろ，日々のやり取りといった，日常のなにげない交流のなかで見いだされるものなのではないだろうか。

　「よそ者」は新しい刺激をその共同体のなかにもたらしてくれると同時に，排除の対象となる場合もある。それは，ささいな出来事から始まることが多い。たとえば，ゴミ出しのルール違反といったようなことである。その地で育ったものには当たり前すぎるルールが，「よそ者」にはわからない。したがってそのルールを破る存在として疎まれたりするのであり，それが排除の要因になったりするのだ。しかし，そうしたルールや，何がそこでのふさわしい振る舞いなのかは，時間が経てば自ずと学んでいけることであり，とりたてて騒ぎ立てるようなことではないのではないか。

　それよりも，ジンメルが共同体の構成員と「よそ者」との共存，つまり両者がどのように「相互的一体性」を構築していけるのかに関心があったように（ジンメル, 1999：249），「よそ者」が共同体にもたらしてくれる何らかの可能性を見ていくほうが，「共生」の意味を考えるうえでは意義深いのではないだろうか。「よそ者」とは

---

4) http://www.publicseminar.org/2014/01/simmel-and-the-social-condition/#.VhYuivntlBc（最終アクセス日：2015年10月8日）

「当該集団との関わりにおいて生活をしながらも，その集団への同化的帰属をあくまで拒む〈他者性〉をその本質とする[5]」とジンメルが言うように，異質性を保持しているからこそ，同質性で成り立つ共同体内では見えてこない問題を可視化してくれるのである。結論を先取りしていうならば，その異質性の保持が「共生」の条件なのではないだろうか。

❖異質性と「共生」

「共生」とは，もともとは生物学のなかで生まれた概念である。大辞林（第3版）では，「共生」とは生物学の用語である英語"symbiosis"の訳語であり，「異種の生物の共存様式」を意味し，2種類の生物が利益を交換しあって生活する様を表す言葉となっている。ただし，この文脈においては，「共棲」という文字が使われることのほうがむしろ多かった。

では，社会的な意味での「共生」の英語表記はどうなっているのかというと，"conviviality"が通常使われている。イヴァン・イリイチ（1989）が彼の「共生」概念にこの用語を使用したのが最初であったとされており，「相互親和」「のびやかさ」「自律協働性」「宴」などの訳があてられている。ただし，"conviviality"を辞書で引くと，その訳語としてまず出てくるのは「宴会」である。一見すると，「共生」と「宴会」とは結びつかないように思えるが，そこでの「宴会」は私たちが想像するような仲間内でのものを指しているのではなく，他者との出会いの場を指しているからである（井上・名和田・桂木, 1992）。異質な他者との出会いが生きる力へとつながるのであり，そうした場を生み出してくれるのが「宴」ということになる。

したがって，「共生」とは異質なものとの単なる共存を意味して

---

5) 菅野（2006：6-7）より引用。

いるのではない。異質なもの同士が交わり，ともに生かしあう関係が構築されるかどうかがそこでは問われている。また，ここで留意されなければならないのは，誰が誰に対して「ともに生きよう」という呼びかけがなされるのかであり，両者の間にどういった力関係があるのかを見ていく必要がある。たとえば，政治学者の山口定は，「共生」理念の提唱が積極的な意味をもちうるためには，ひとつには次のような条件が必要になるとしている。

> 「共生」の提唱は第一に，私どもの現在の競争社会における生き方そのものの自己変革への決意表明でなければならない。／なぜなら競争関係において優位に立つ者が「共生」を説いても，相当な自己犠牲の覚悟をともなわない限り，弱者からはまともに受け取られないからである。(山口, 1994：4)

すなわち，「共生」の呼びかけを自らがなす場合，自分自身の立ち位置を明らかにする必要がある。また，その呼びかけが他者からなされた場合には，その他者と自分との関係がどういったものなのかが確認されなければならない。「共生」とは他者との関係性抜きには語れない概念なのである。

4 「異交通」としての共生

栗原彬は，「〈共生〉は，自律したもの同士の，つまり異なるコードをもつものの間の，〈異交通〉としてしか成り立たない」(栗原, 1997：25) とする。彼のこの見解は，他者だけではなく私たちが関係するあらゆるものとの「共生」を考えるうえで重要である。「共生」が「同一化」や「同質化」を含む概念として使われていることへの危惧から，栗原は「異交通」という概念を導入したのだろうが，

この考え方をさらに広げていくと,生態学と社会学における「共生」は別なものとしてそれぞれの分野で考察されなければならない(高橋,2003)とされていることすら超越していかなければならない,と思えてくる。

　栗原が,「共生」とは「コミュニケーションへの疑い,むしろコミュニケーションの不可能性から出発する交わりの企て」(栗原,1997:25)であると述べていることからもわかるように,「異交通」とは安易な「わかり合う」ための「コミュニケーション」[6]を否定する概念である。「わかり合う」ための「コミュニケーション」の関心はあくまでも人間であって,「すべてのいのち」を含めた「共生」を考えるうえにおいては,けっして十分ではない。だからこそ,「異交通」という概念が重要となってくるのである。

　たとえば,冒頭で取り上げたシロアリと私たちが「わかり合う」必要などないことを否定する人はおそらくいないだろう。床下に入ろうとしているシロアリに対し,山に帰ってくれと説得するような従来の意味での「コミュニケーション」をとることなど,ばかげた発想である。そのような環境を整える,つまりなるべく自分たちの住む家に来ないような配慮をすればいいだけなのであり,それは同質性の否定ではあるが,関係性の否定ではない。これまでとは異なる関係性を志向する「異交通」なのであり,シロアリと私たちは自然界の循環のなかで,異質なままつながっているのである。それぞれの持ち場でそれぞれがやらなければならないことを行うことが,広義の意味でのつながりを生み出す「異交通」なのではないだろうか。

　これまでに自然の循環を乱してきたのが人間であるということは,

---

[6] わかり合いや伝え合いのコミュニケーションについての批判的分析に関しては,板場(2011)を参照されたい。

あらためていうまでもないだろう。それを踏まえて私たちが「共生」を唱えるのであれば,「相当の覚悟」なしには,「他者／異なるものとの関係性＝コミュニケーション」の構築は望むべくもない。ひとつには,放っておくとか,邪魔をしないということも「覚悟のいる」コミュニケーションのあり方なのではないか。

●**ディスカッションのために**
1 「国際化」「多文化」「共生」という言葉が,これまでどのような文脈で,どういった使われ方がなされてきたのかを調べてみよう。そこに何か特徴が表れていないか,考えてみよう。
2 「よそ者」の魅力とは何か。身近な例を取りあげて,考えてみよう。
3 「異交通」という考え方をもとにして,「共生」のあり方について話し合ってみよう。

【引用・参考文献】

池田理知子 (2014).『シロアリと生きる―よそものが出会った水俣』ナカニシヤ出版

板場良久 (2011).「本当に伝え合えているのか」板場良久・池田理知子［編］『よくわかるコミュニケーション学』ミネルヴァ書房,pp.6-7.

井上達夫・名和田是彦・桂木隆夫 (1992).『共生への冒険』毎日新聞社

イリイチ, I.／渡辺京二・渡辺梨佐［訳］(1989).『コンヴィヴィアリティのための道具』日本エディタースクール出版部 (Illich, I. (1973). *Tools for conviviality*. New York: Harper & Row.)

岩本明美 (2009).『法廷の異文化と司法通訳―中国籍被告人を裁く時』風響社

植田晃次 (2006).「「ことばの魔術」の落とし穴―消費される「共生」」植田晃次・山下 仁［編］『「共生」の内実―批判的社会言語学からの問いかけ』三元社,pp.29-53.

河合優子 (2010).「多文化主義」池田理知子［編］『よくわかる異文化コミュニケーション』ミネルヴァ書房,pp.168-169.

菅野 仁 (2006).「現代社会におけるコミュニケーション問題への基礎視角―ジンメル「よそ者」論のコミュニケーション論的位置づけ」『九州コ

ミュニケーション研究』**4**, 1-8.
栗原　彬（1997）.「共生ということ」栗原　彬［編］『講座 差別の社会学 第4巻 共生の方へ』弘文堂, pp.11-27.
ジンメル, G.／鈴木　直［訳］（1999）.「よそ者についての補論」北川東子［編訳］『ジンメル・コレクション』筑摩書房, pp.247-260.（Simmel, G. (1908). Exkurs über den Fremden in *Soziologie: Untersuchungen über die Formen der Vergesellschaftung*. Leipzig: Duncker & Humblot.）
高橋輝和（2003）.「「文化共生学」の構築に向けて」『文化共生学研究』**1**, 1-15.
武田邦彦（2009）.「命は続いている（4）シロアリ」〈http://takedanet.com/archives/1013800148.html（最終確認日：2015年5月21日）〉
藤巻光浩（2006）.「多文化主義とコミュニケーション—知の転換期においてコミュニケーション学が果たす役割」池田理知子［編］『現代コミュニケーション学』有斐閣, pp.223-239.
古矢　旬（1995）.「第28回年次大会報告 シンポジウム「アメリカン・エスニシティのとらえ方」」『アメリカ研究』**29**, 241-261.
西川長夫（2000）.「多言語・多文化主義をアジアから問う」西川長夫・姜尚中・西　成彦［編］『20世紀をいかに越えるか—多言語・多文化主義を手がかりにして』平凡社, pp.15-69.
野村達朗（1997）.「アメリカにおける多文化主義とその限界」『アメリカ研究シリーズ』**19**, 28-49.
森住　卓（2011）.『福島第一原発 風下の村—森住卓写真集』扶桑社
山口　定（1994）.「オピニオン「共生」ということ（いま何が問われているか）」『朝日新聞』（1994年10月30日朝刊4面）
米山リサ（2003）.『暴力・戦争・リドレス—多文化主義のポリティクス』岩波書店

第13章

コミュニケーションの射程
時空を超えた他者との関係性

フラガール
(シネカノン：販売元＝ハピネット)

　石炭から石油へとエネルギーの転換期を迎え，日本中の炭鉱が閉山を迫られていたなか，福島県と茨木県にまたがる常磐炭田は，1966年に「常磐ハワイアンセンター（現スパリゾートハワイアンズ）」を開業し，年間150万人もの客を集めるほどの一大観光産業への産業転換に成功した（森，2013）。映画『フラガール』は，危機迫るその炭鉱町を「救う」ためにひたむきにフラダンスを覚えようと努力する少女たちの物語である。炭鉱会社が構想したレジャー施設の目玉となるフラダンスショーを成功へと導くまでの姿がそこには描かれている。彼女たちの踊りは，石炭から石油の時代への転換を象徴していたのかもしれない。

　この映画のモデルとなった実在のフラガールたちは，「3.11」後はいろいろなイベントに招かれ，全国各地で踊っている。彼女たちの踊りは，原子力から次のエネルギーの時代への転換を再び象徴するものとなるのだろうか。

1　都市とゴミ

　宮城県女川町には，海上輸送用のコンテナを使った3階建ての仮設住宅が設置されている。必要な数の仮設住宅を建設するだけの十分な広さの平地がなくて困っていた町に対して，建築家の坂茂が提案したものだった。下の写真にあるように，市松模様に積まれたコンテナでできたこの仮設住宅の外観は，どこにでもあるような集合住宅のような様相を呈している。

　室内の広さは一般の仮設住宅と変わらないが，十分な収納スペースをとったことと，義援金でつくり付け家具を用意したことで，すっきりとした居住空間が生まれている。仮設なのに快適な住まいのせいなのか，ここを離れたくないという住民が多いのだと坂はあるトーク・イベント[1]のなかで語っていた。

　2011年3月31日で営業を終了した通称「赤プリ」（赤坂プリンスホテル，2007年4月にグランドプリンスホテル赤坂と改名）は，東日本大震災とその後の福島第一原子力発電所事故の被災者の避難所と一時はなっていた。その「赤プリ」の40階建ての新館が開業したのは，1983年だった。1990年ごろの「バブル絶頂期」には「クリ

図13-1　女川町にある仮設住宅の外・内観[2]

---

1) 2015年6月28日の「第18回ゆふいん文化・記録映画祭」のなかで行われた。
2) http://www.shigerubanarchitects.com/SBA_NEWS/SBA_van_p2.htm
（最終アクセス日：2015年10月8日）

スマスイブの予約が夏には埋まる」といったニュースが流れるほどのトレンディなスポットであったにもかかわらず，その寿命は短かった。2013年の夏には解体工事が終了。老朽化やホテルの業績悪化が営業終了の要因といわれているが，いずれにしろ30年しかもたなかったビルからでた産業廃棄物などのゴミはすさまじい量だったに違いない。

　「赤プリ」の例をあげるまでもなく，コンクリートでできていたとしても30年で壊されるのであれば，それは仮設住宅と同じようなものである，といえないだろうか。第4章で述べたように，現在市場に出回っている家の寿命もおよそ30年，長くても40年といわれており，だとすると多くの人が「仮設住宅」に住んでいるということになる。そして，景気の動向によって壊されてはまた新しいものが建てられるということが繰り返されるのが東京であるとするならば，この街も「仮設住宅」の集まりなのかもしれない。

　東京に限らず，大量のゴミを放出し続けるこの社会から見えてくるものは何なのか，この章ではゴミの問題からコミュニケーションの射程について考える。ゴミを見ればその人の生活がうかがえるといわれている。究極の「ライフログ」であるゴミから何が読み取れるのだろうか。

2　ゴミの行方

　「ゴミは資源」であるというフレーズを最近はよく耳にする。しかし，そのゴミを資源として再利用するためにはゴミの分別が必要となる。各自治体によってルールは異なるが，分別の細分化と徹底化が最近の流れではあるようだ。

　リサイクルに関する法の整備も進められてきた。1995年には，容器包装リサイクル法が制定され，家庭から出るごみのなかで大きな

割合を占めている容器包装ゴミのリサイクルを製造者に義務づけた。また，1998年には不要になったテレビや冷蔵庫といった家電のリサイクルを義務づける法律である家電リサイクル法が，2000年には食品廃棄物の排出量を抑えるための食品リサイクル法と建築資材などの分別・リサイクルを義務づけた建設リサイクル法が制定された。

ただし，それでも再利用できないものが残る。そうしたゴミは，焼却処分されるか，最終処分場に埋設されることになる。2010年に一部が改正された廃棄物処理法は，こうした廃棄物の適正な処理を行うために定められた法律である。そこでは，「廃棄物」とは次のように定義されている。

> 第二条　この法律において「廃棄物」とは，ごみ，粗大ごみ，燃え殻，汚泥，ふん尿，廃油，廃酸，廃アルカリ，動物の死体その他の汚物又は不要物であって，固形状又は液状のもの（放射性物質及びこれによって汚染された物を除く。）をいう。

この定義によると，放射性物質や放射性を帯びた汚染物は廃棄物とはみなされず，その処理は別途定められなければならない，ということになる。つまり放射性の廃棄物は，厳重な保管が必要なのであり，リサイクルや焼却，埋設がその処理の基本であるゴミとは区別されなければならないということになる。

そういった意味では，有害重金属である水銀も同様である。2013年10月に採択された「水銀に関する水俣条約[3]」の締結を目指して，家庭から出るゴミに含まれる水銀は回収の対象となっている自治体も多いが，後述するように，それはリサイクルしてはいけないものである。放射性物質と同様に厳重に保管されなければならない

---

3) 水銀の採掘から，貿易・使用・管理・処分を対象にした国際条約。

図 13-2　放射性物質を含むゴミの山[4]

ものなのだ。ゴミは，以前は埋め立て資源でもあり，工夫次第ではなんとか共存していけるものだと考えられていた。ところが現代では，放射性物質や水銀のように，隔離・管理されなければならないゴミ，あってはならないゴミの産出が問題となり，私たちはそうしたものと向き合わなければならなくなったのだ。

　2011 年 3 月 11 日以降，東日本大震災とその後の福島第一原子力発電所の事故による被害と，水俣病による被害の類似性が語られることが多くなった。「核のゴミ」の問題もそのひとつである。福島をはじめとした原発事故の被災地では，図 13-2 にあるような黒いビニールの袋が大量に，しかもいたるところに置かれている。また，2015 年 1 月には福島県の双葉町と大熊町が福島県内で出た土壌・廃棄物の中間貯蔵施設の建設を受け入れることとなり，その準備が進められている。しかし，中間貯蔵開始後 30 年以内に福島県外での最終処分を完了することがこれらの町での受け入れの条件になっており，ここはあくまでも「仮の置き場」という位置づけである。そうなると厳重管理されなければならないこうしたゴミは，今後引き取り手のないまま，どこでどう処理され，どこに行くことになるのだろうか。

4）http://raif.exblog.jp/20199551/（最終アクセス日：2015 年 10 月 9 日）

3 「格差」という現実

　熊本県水俣市には，水俣病の原因となった有機水銀を含む汚泥を未処理のまま埋め立てた土地がある。58.2ヘクタールにも及ぶその広大な埋め立て地は，地震や津波が起これば有害物質が再び環境中に放出される恐れのある危険な土地でもある。また，たとえそうした災害がなかったとしても，50年しかもたないとされる鋼矢板セルで護岸は囲まれているだけであり，工事が終了した1990年からすでに25年が経ち，その耐用年数は半分過ぎてしまった。県職員として工事の現場責任者を務め，のちに水俣市の助役にもなった小松聰明は，「埋め立ては暫定措置だった」と言っている（田中, 2013：1）。つまり，そこは水俣病の原因企業であるチッソが出したゴミの「中間貯蔵施設」ということになる。

　2015年1月31日，その鋼矢板セルが少なくとも2050年までの使用に耐えうるという検討結果が報道された（鎌倉, 2015）。2009年に県が設置した，水俣湾公害防止事業埋立地護岸等耐震及び老朽化対策検討委員会の発表を受けてなされたものであった。しかし，50年の耐用年数がたとえ10年や20年先に延びたところで，すぐに具体的な対応策がとられないのならば，問題の先延ばしであることに変わりはない。

図13-3　埋め立てられた水俣湾（水俣病資料館, 2013）

水俣の有害重金属を含むゴミが語るのは、具体的な形をもった「格差」という現実である。当時の日本の産業界にとって重要な生産拠点であったチッソ水俣工場を守るためには地方の一地域の住民の多少の犠牲など構わないと考えられていたのだろうか。

中央と地方の格差を示すのに引き合いに出される例のひとつに、本州製紙江戸川工場の水質汚染事件と水俣病事件との政府の対応の違いがある。前者は、本州製紙江戸川工場から流された廃水が東京湾を汚染したという事件で、1958年に千葉県浦安町（現・浦安市）の漁師たちが排水停止を求めて立ち上がったことがきっかけで水質二法（水質保全法、工場排水規制法）の制定が早まったといわれている（佐々木、2010）。また、東京都や千葉県とともに通産省が工場の説得にまわったことで、工場側も浄化設備が整うまでは操業を中止せざるをえなかったのだという報告もある（NHK取材班、1995）。

一方の水俣病事件では、1956年に水俣病が公式確認されてから12年もの間、排水停止の措置が取られなかった。通産省で水俣病を担当していた軽工業局長は、「通産省の対応が江戸川と水俣では異なった理由について……推論だと断ったうえで、製紙工場に比べチッソのような化学工場は、操業を止めた場合の産業界への影響が大きかったこと、東京で排水問題が起きると、公害に対する社会の関心の度合いが高いこと」を1986年の水俣病関西訴訟で証言していた（NHK取材班、1995：161-162）。つまり水俣は、福島と同様に国策に翻弄されたのであり、そのことを両者の対応の差が端的に示しているのである。

ただし、そうした国策を容認、あるいは望んだのはむしろ私たち自身だったという側面も忘れてはならない。ポリ袋やビニールなどのプラスチック製品の素材となる塩化ビニールの成型に必要なオクタノールの国内生産は、チッソのほぼ独占状態だったという[5]。そうした製品を便利だからと過剰に消費してきたことが、水俣病の発

生と無関係だったとはいえないのではないだろうか。「国策」をそれとして発動させることに加担してきた私たちの欲望の結果が、水俣の埋め立て地として目の前にあらわになっているのである。

4 グローバルに広がる環境汚染と健康被害

アマゾン川流域では小規模金採鉱（ASGM）が長年にわたって行われており、その労働者の多くに水銀中毒が発生していることが報告されている（原田, 2015）。水銀は金と結びつく性質があるため、採取した砂金に水銀を混ぜて金を取り出し、最後は熱を加えて水銀を蒸気にして飛ばすのだが、この蒸気を労働者が吸い込んでしまうのである。また、その水銀が川に流れ有機化し、魚が汚染され、その魚を食べた漁師たちの毛髪に高い水銀値が出ていることも確認されている。しかし、だからといってそうした現状を変えることは容易なことではない。ASGM が重大な環境汚染および健康被害を引き起こすことがわかってはいても、生活のためにやらざるをえないという貧困と格差の問題がそこにはあるのだ。

さらに、その工程で使われている水銀が日本からきているかもしれないという疑念も浮上している。日本は水銀輸出国であり、毎年 50 トン以上[6]の使い道の無くなった水銀がアジアを中心とした途上国に輸出されている。その輸出先からの転売も行われているのではないかといわれており、ASGM に日本からのものが使われていないとは言い切れないのである（中地, 2013：31-33）。新たな水銀の採掘を行っていない現在は、水銀を使った製品——蛍光灯やボタン型電池、むし歯治療充填剤（水銀アマルガム）など——のリサイク

---

5) 1959 年にはオクタノールの国内生産の 85％を占めている（橋本, 2000）。
6) 財務省貿易統計によると、過去 10 年間の輸出量は年 54 トン〜250 トンで推移しているとのこと（神田, 2013）。

ルによって回収された水銀が，国内では需要がないために輸出されている。したがって，途上国で起きている水銀中毒や「水俣病」[7]は，私たちが使わなくなり廃棄したものに含まれていた水銀が引き起こしたものかもしれないのである。グローバルな問題と私たちが日常のなかで排出するゴミとの関係が，ここでも見て取れるのではないだろうか[8]。

1980年代に米国で誕生した概念に，「環境正義」というものがある。この概念が生まれた直接のきっかけは，貧困層の黒人や先住民族が多く住む地域に有害廃棄物処理施設が集中していることが問題視されたことであり，つまり「環境レイシズム」（本田・デアンジェリス，2000）に対する「正義」について，この考え方は問うているのである。

こうした「環境正義」に基づく運動は，地域に根差したものであると同時にグローバルな展開も見せている。そのきっかけとなったのが，1991年に環境保護団体グリーンピースによって暴露された世界銀行の主任エコノミスト，ローレンス・サマーズが書いた内部メモであった。そこには，「健康被害のコストがかかる産業や有害廃棄物は，そうしたコストが低いし，まだ汚染被害の少ない発展途上国へ移転させることが合理的である」と書かれてあったのだ（丸山，2004：33）。そのような環境汚染被害に対する不正義の問題をグローバルに捉えていくことの重要性と必要性を「環境正義」は主張しているのだ。グローバルなゴミやゴミ以上の厄介なものの取引が引き起こす「不正義」に対してどのように対処していかなければならないのかについても，それは示唆を与えてくれている。

---

7) 水俣病は，「環境汚染と食物連鎖を通じて起こった有機水銀中毒」である（原田，2015：21）。
8) 核兵器や原子力発電と，私たちの暮らしとの関係やグローバルな問題については，池田（2010）を参照されたい。

5 時空を超えたコミュニケーション

　福島をはじめとした「核のゴミ」の問題は，人の一生ではとうてい手に負えないものに対してどう向き合っていかなければならないのかという課題を私たちに突きつけている。原子力発電が始まった当初から，「核のゴミ」は問題となっていた。しかし，対処できる技術がそのうち開発されるだろうという無責任な楽観論や，今すぐにそのことが重大な問題を引き起こすわけではないとして，先延ばししてきたのだった。

　かりに現在問題となっている高線量の放射性廃棄物を厳重管理する最終処分地やシステムが見つかったとしよう。しかし，そこがそのまま放置されなければならない，パンドラの箱を開けるようなことがあってはならない場所であるというメッセージをどうやって1,000年後や1万年後の者に伝えるのかという問題が残る[9]。未来の地球に住む者は，異なる言語システムや時空の感覚をもった者かもしれない。私たちと同じような価値観をもつとも限らないし，私たちが前提とするものがまったく意味をなさないかもしれないのである。そうした未来の者にどうやって説明するのかというコミュニケーションの問題が潜んでいるのだ。

　扉に登場したフラガールたちが踊っているフラダンスは，海や山，大地，空といった自然を愛で，その自然に宿す神々に感謝を捧げる踊りである。まだ見ぬ「存在」に向けて，これからどういったエネルギーを選び取っていくのかも私たちに課されたもののひとつである。私たちは，フラガールたちのメッセージに何を読み取り，どのように応えていけるのだろうか。

---

9) ドキュメンタリー映画『100,000年後の安全』（マイケル・マドセン監督作品，2009）で，その問題が取りあげられている。

●コラム1 『かたっぽのふるぐつ』
　萩尾望都は，1969年から精力的にSFをはじめとした漫画作品を発表している。4大公害病が問題となっていた1971年に少女漫画『なかよし』4月号増刊に掲載された『かたっぽのふるぐつ』は，彼女の作品のなかでは異色ともいえるもので，四日市公害を題材にした漫画である。
　作品のなかに登場するぜんそくの症状をもつ小学5年生の少年ユウは，ある日夢を見る。石油コンビナート対人間の第三次世界大戦が始まり，石油コンビナート怪獣がやってきて，皆が逃げ惑うのだが，逃げ遅れた彼は町の様子を目にしたのだ。

　　けむりはまるまって／世界中の空にちった／悪臭は風をつかまえて／世界の空気の中にひろがった／色のかわった川は／海をそめた／サカナが死んだよ／海がぜんぶ／ドロドロに／なっちゃったんだ（萩尾望都, 1977：67）

人びとは手をこまねいていたけれど，すでに遅すぎたのだ。月に逃げたわずかな人びとが見た地球は汚れて，充血した目のように真っ赤だったという。
　「町の発展」の陰で置き去りにされた「くつ」とは何だったのか。「人びとの幸福と未来を約束された町」を目指して歩こうにも，片方のくつだけではうまく歩けないのではないだろうか。

●ディスカッションのために
1　自分たちはどういうゴミを出しているのだろうか。自分の生活を振り返ってみよう。
2　私たちが日常出しているゴミがグローバルな問題とつながっている例がほかにもないか，考えてみよう。
3　未来の人たちに「そこは危険です。立ち入らないでください」といったメッセージをどうやって伝えたらいいのだろうか。話し合ってみよう。

【引用・参考文献】

池田理知子 (2010).「日常に侵攻するグローバル化と「戦争」—見えにくい関係性可視化の試み」池田理知子・松本健太郎 [編]『メディア・コミュニケーション論』ナカニシヤ出版, pp.125-140.

NHK取材班 (1995).『戦後50年 その時日本は〈第3巻〉チッソ・水俣工場技術者たちの告白 東大全共闘26年後の証言』日本放送出版協会

鎌倉尊信 (2015).「水俣湾の埋め立て地護岸 2050年まで耐用可能」『熊本日日新聞』(2015年1月31日朝刊4面)

神田明美 (2013).「水銀規制, 途上国カギ 日本からの輸出続く」『朝日新聞』(2013年10月10日朝刊2面)

佐々木英輔 (2010).「(えこ記事) 水:2 魚は浮き, 貝は死んだ」『朝日新聞』(2010年9月9日夕刊7面)

田中久稔 (2013).「水俣悩ます水銀の影 埋め立て地で続く管理 10日に規制条約採択」『朝日新聞』(2013年10月5日夕刊1面)

中地重晴 (2013).『水銀ゼロをめざす世界—水銀条約と日本の課題』熊本日日新聞社

萩尾望都 (1977).『かたっぽのふるぐつ』『萩尾望都作品集2 塔のある家』小学館

橋本道夫 [編] (2000).『水俣病の悲劇を繰り返さないために—水俣病の経験から学ぶもの』中央法規出版

原田正純 (2015).「いま,「水俣」を伝える意味」「水俣」を子どもたちに伝えるネットワーク・多田 治・池田理知子 [編]『いま,「水俣」を伝える意味—原田正純講演録』くんぷる, pp.13-79.

本田雅和・デアンジェリス, F. (2000).『環境レイシズム—アメリカ「がん回廊」を行く』解放出版社

丸山徳次 (2004).「I 講義の7日間—水俣学の哲学に向けて」丸山徳次 [編]『応用倫理学講義2 環境』岩波書店, pp.1-70.

水俣病資料館 (2013).「第3章 埋立地の記憶」『みなまた 海の記憶』〈http://www.minamata195651.jp/pdf/uminokioku/3nd_umetatechinokioku_pdf_1.41mb.pdf (最終確認日2015年10月8日)〉

森 晋也 (2013).「殖産興業支えた常磐炭田 福島・いわき市」『日本経済新聞』(2013年3月13日夕刊7面)

事項索引

ア行

愛着理論 97
アイデンティティ 82
　——の攪乱 89
　——の危機 83
　——の雑種性 88
　——の政治 86
アイデンティフィケーション 89
アニミズム 69
アブジェ 35
安賃闘争 128
アンネの日記 16

EPA（経済連携協定） 124
異交通 156
1秒の定義 44
異文化理解 151
意味生成のプロセス 19

運動会 99

エスニック 77

オリエンタリズム 70

カ行

外国人技能実習制度 124
核のゴミ 170
語り部 28, 36, 107
学校給食 74
活版印刷機 7
環境正義 169
環境レイシズム 169

企業的多文化主義 150
記号 31
　——の恣意性 30
記号的（perspectival） 9
技術決定論 8
既製服 101
規範 21
境界線 58
共生 148, 155
規律訓練 22
規律訓練型権力 23
近代的空間 62
近代的時間意識 48
近代的身体 99
近代的世界 55

グローバリゼーション 140
グローバル化 74

計算可能性 46
言語化への強制力 34
言語名称目録観 29

合理性の非合理性 48
効率性 46
国語 37
国民国家 37
言葉の力 32

コミュ障 20
コミュニケーション相対性 57
コミュニケーション能力 19
コミュニケーションの〈創造／創造する力〉 24
コミュ力 20
コロンブス・デイ 56
conviviality 155

サ行

3歳児神話 97

式年遷宮 49
シニフィアン 31
シニフィエ 31
自発的労働 123
自分探し 82
自民族中心主義 70
社会進化論 69
シャノン＝ウィーバーのモデル 60
集合的記憶 142
小規模金採鉱 168
食のグローバル化 74
所有の概念 56
人権教育 109
人材 126
新自由主義 123
身体の規格化 101
身体の大量生産 101
心理主義 111

神話的（mythic） 9

水銀に関する水俣条約 164

ステレオタイプ 113

制御 47
生政治 97
制服 103

ソフトな殺人 139

タ行
体育 98
Tactical Difficulty 115
多文化共生 149, 152
多文化主義 149

地下鉄サリン事件 12
地図 54

定時法 5
出来事時間 47
伝統 71

独自性 84
時計時間 47
屠場 76
突然変異（mutation） 9

ナ行
人間の発達段階論 83

ハ行
恥宣言 128
発見と征服 56
パノプティコン 22
パラリンピック 104
ハンセン病 130

被差別部落 76
批判的多文化主義 150

不作為の差別 117
不定時法 5
文化進化論 69
文化相対主義 69, 151
文化的多元論 149
文化の政治性 70

兵式体操 99
ヘテロセクシズム 24
偏見理論 111

望遠レンズ的＝遠隔対照的な関係 42
ボランティア 122

マ行
マクドナルド化 46

道筋的＝移動経路的な関係 42
水俣病 28
──患者 36, 112
水俣湾埋め立て地 166

無関心という差別 117

メディアの媒介性 8
メディアはメッセージである 6

ヤ行
予測可能性 46
よそ者 153
四日市公害 18, 134, 171

ラ行
リベラル多文化主義 150

ワ行
和食 72
和時計 4, 43

人名索引

ア行
アスマン, A. *142, 144*
アルヴァックス, M. *142*

飯間浩明 *33*
池田理知子 *9, 12, 19, 22, 24, 33, 35, 40, 43, 57, 109, 148, 169*
板場良久 *20, 67, 157*
イリイチ, I. *155*

ヴァスコ・ダ・ガマ *55*
ウィーバー, W. *60*
ヴィリリオ, P. *41, 42*
植田晃次 *152*
上野千鶴子 *82, 83*
ヴェンダース, V. *80, 84*
内澤旬子 *76*

エリクソン, E. H. *82, 83*
エンリケ航海王子 *55*

大澤真幸 *16*
大日向雅美 *98*

カ行
かどやひでのり *109-111*
上和田茂 *100, 101*
河合優子 *88, 152*
菅野仁 *155*

北沢洋子 *140*
金　満里 *104*

クリステヴァ, J. *35*
栗原　彬 *156, 157*

ゲブサー (Gebser, J.) *9*

コロンブス *55*
コンドリー, I. *94*

サ行
サイード, E. *70, 71*
澤井余志郎 *134-139*

シャノン, C. *60*
ジンメル, G. *153, 154*

杉本厚夫 *99*
スタイナー (Steiner, J.) *115*
スパーロック, M. *48*

ソシュール, S. de *29-31*
ソンタグ, S. *139*

タ行
ダーウィン, C. *69*
タイラー (Tylor, E. B.) *68, 69*
巽　孝之 *115*

チョムスキー, N. *140*

辻　信一 *41*

鄭　暎恵 *86*

ナ行
野村達朗 *149, 150*

ハ行
バトラー, J. *89*
原田正純 *27, 117, 168, 169*

ビュフォン *58*
ピラー, I. *57*

フーコー, M. *22, 23, 58, 97, 124*
伏木　啓 *143*
藤巻光浩 *150, 152*
藤本幸久 *101*

ベンサム, J. *22*
辺見　庸 *11*

ボウルビィ, J. *97*
ホール, S. *88*

マ行
マクルーハン, M. *6-8*
マゼラン *56*
マドセン, M. *170*
マルケル, C. *139*
丸山徳次 *169*

三浦雅士 *100, 101*
三崎亜記 *32, 79, 97, 121*

メイロウィッツ, M. *54*

森住 卓 *147*
師岡淳也 *67*

ヤ行

安川晴基 *142*
安田正美 *44, 45*
矢部史郎 *126, 127*
山口 定 *156*
山本耀司 *80, 81*
山脇千賀子 *55, 56*

ユンク, R. *126*

好井裕明 *116, 117*
吉見俊哉 *99*
米山リサ *143, 150*

ラ行

ラウアー, R. *47*
ラドクリフ＝ブラウン, A. *69*

リッツア, J. *46-48*

リップマン, W. *113, 114*
リンネ *57*

ワ行

若林幹夫 *54-56*
鷲田清一 *80, 103*
ワズラヴィック (Watzlawick, P.) *19*

執筆者紹介
池田理知子（いけだ・りちこ）
1995年，オクラホマ大学大学院博士課程修了（Ph.D.）。現在，国際基督教大学教養学部教授。専門はコミュニケーション学。主要著作に，『よくわかる異文化コミュニケーション』(2010年，ミネルヴァ書房)『メディア・コミュニケーション論』(2010年，ナカニシヤ出版)，『時代を聞く―沖縄・水俣・四日市・新潟・福島』(2012年，せりか書房)，『メディア・リテラシーの現在―公害／環境問題から読み解く』(2013年，ナカニシヤ出版)，『シロアリと生きる―よそものが出会った水俣』(2014年，ナカニシヤ出版)など。

［シリーズ］メディアの未来❼
日常から考えるコミュニケーション学
メディアを通して学ぶ

2015年12月25日　初版第1刷発行

　　　　　著　者　池田理知子
　　　　　発行者　中西健夫
　　　　　発行所　株式会社ナカニシヤ出版
〒606-8161　京都市左京区一乗寺木ノ本町15番地
　　　　　　Telephone　075-723-0111
　　　　　　Facsimile　075-723-0095
　　　Website　http://www.nakanishiya.co.jp/
　　　Email　iihon-ippai@nakanishiya.co.jp
　　　　　　郵便振替　01030-0-13128

印刷・製本＝ファインワークス／装幀＝白沢　正
Copyright © 2015 by R. Ikeda
Printed in Japan.
ISBN978-4-7795-1001-4

本書のコピー，スキャン，デジタル化等の無断複製は著作権法上の例外を除き禁じられています。本書を代行業者等の第三者に依頼してスキャンやデジタル化することはたとえ個人や家庭内の利用であっても著作権法上認められていません。

ナカニシヤ出版◆書籍のご案内
表示の価格は本体価格です。

◉ [シリーズ] メディアの未来

❶ メディア・コミュニケーション論
池田理知子・松本健太郎 [編著]

想像する力が意味を創造する──メディアが大きく変容している今,コミュニケーションとメディアの捉え方を根底から問い,対話の中から読者を揺り動かす。好評テキストシリーズ,第1弾! 2200円+税

❷ メディア文化論
遠藤英樹・松本健太郎・江藤茂博 [編著]

文化という意味の網を読み解く──メディアが多様な形態で発達を遂げた今日,私たちをとりまく文化はどのような変容を遂げつつあるのか? 読者をディスカッションへと誘う好評シリーズ,待望の第2弾! 2400円+税

❸ メディア・リテラシーの現在(いま) 公害/環境問題から読み解く
池田理知子 [編著]

螺旋状に広がる沈黙の輪を絶つ──3.11以後,根底から揺らぐメディアと私たちの関係を,公害/環境問題を軸に問い直し,新たな対話の地平を拓く。好評シリーズ,白熱の第3弾! 2400円+税

❹ 観光メディア論
遠藤英樹・寺岡伸悟・堀野正人 [編著]

観光とメディアの未来を探る──モバイルメディアの発展や文化の変容に伴い,揺れ動くメディアと観光の不思議な関係を,やさしく読み解き,未来を探る。読者を議論に誘い,理解を深める好評シリーズ,魅惑の第4弾! 2500円+税

❺ 音響メディア史 公害/環境問題から読み解く
谷口文和・中川克志・福田裕大 [著]

音の技術と音の文化が交差する──19世紀から現代に至るまで,音のメディアは,どう変容したのか? その歴史を詳らかにし,技術変化と文化の相互作用を論じる。堅実かつ重厚な第5弾! 2300円+税

❻ 空間とメディア 場所の記憶・移動・リアリティ
遠藤英樹・松本健太郎 [編著]

空間の意味と可能性を問い直す──テーマパーク,サイバースペース,境界,風景,デジタル地図,震災,祭,観光,鉄道,……多様な切り口から現代の「空間」を読みほぐす。好評シリーズ,視界を拡げる第6弾! 2700円+税